# 나비처럼 독서하기

著者 김 용 호

이화문화출판사

# CONTENT

# 열정으로 터득한 독서법

– 김 영 선 –

중등학교 교사, 연세대학교 국문학박사과정 수료

'열지 않은 책은 한 뭉치의 종이에 불과하다.'

– 영국 속담 –

동서고금을 막론하고 사람들은 독서를 매우 중요하게 인식했다. 공자와 관련하여 '위편삼절 韋編三絶'이라는 말이 있다. 주역 책을 엮은 끈이 끊어지기를 세 번이나 거듭하도록 독서를 많이 하였다는 의미이다.

2,500년 전에는 죽간이라는 나무조각에 새겨 가죽끈으로 엮어 책을 만들었다. 따라서 끈이 쉽게 닳았다. 그렇더라도

책의 끈이 세 번이나 끊어지도록 읽은 것은 공자가 독서에
열중하였음을 알려 준다.

'남아수독오거서男兒須讀五車書'라는 말도 있다. 남자아이라면
모름지기 다섯 수레의 책을 읽어야 한다는 말이다.
비단 남자 아이뿐만 아니라 인간으로 태어나 한 사회의 구성
원으로서 제 구실을 하려면 그만큼 많은 양의 책을 읽어서
소양을 갖추어야 한다는 뜻이다.

안중근 의사는 여순 감옥에서 이런 글을 썼다.
'일일부독서 구중생형극 一日不讀書 口中生荊棘' 이라.

즉 '하루라도 글을 읽지 않으면 입 안에 가시가 생긴다'라고,
가히 독서 권장 멘트의 정점이라 할 만하다. 어린 아이든 어
른이든 하루라도 손에서 책을 놓지 말아야 한다는 것이다.
이러한 멘트를 접할 때 독서의 중압감에서 자유로운 사람이
과연 몇이나 될까?

대부분의 사람들은, 시간이 없어서 사는 게 바빠서 할 일이
많아서 등 저마다의 핑계를 대면서, 가슴 한 켠에 묵직함을

담아 두고 그것을 애써 외면하며 독서와 거리가 먼 생활을 한다. 일부는 서점이나 도서관으로 달려가 책을 꺼내 읽어보지만 일회성 행사에 그치는 경우가 많다. 독서에 흥미를 느끼고 자기만의 독서 방법을 터득하기란 쉬운 일이 아니다.

이 책의 저자는 스스로의 경험으로 독특한 독서법을 터득하였다. 열정과 집념으로 익히게 된 '나비 독서'이다.

나비 독서란 한 권의 책을 20~30분 이내에 읽고 그 핵심 내용을 파악하여 메모하는 것이다. 이렇게 독서를 하면 한 달 평균 30~60권 이상의 책을 읽을 수 있고, 1년에 천 권의 책을 독파할 수 있게 된다. 정말 대단한 독서 방법이다.

이것은 저자의 포기를 모르는 집념과 뜨거운 열정이 이루어 낸 성과이다. 대단한 일은 그것이 무엇이든 간에 단번에 이루어지지 않는다. 저자 역시 이 독서 방법을 터득하기까지 시행착오를 겪고 힘든 과정에 맞닥뜨렸다. 그러나 포기하지 않고 끊임없이 반복하고 훈련함으로써 자신만의 독서법을 일구어낼 수 있었다.

저자가 터득한 나비 독서의 구체적인 실천 방법은 다음과 같다.

첫째, 독서 계획 세우기 - 1년에 1천 권 읽기
둘째, 자신에게 맞는 수준의 책으로 시작하기
셋째, 한 권의 책을 20~30분 이내에 메모하면서 읽고 핵심
　　　내용을 파악하기
넷째, 꾸준히 반복하여 훈련하기

저자의 이러한 제안은 많은 양의 책을 빠르게 읽을 수 있는 방법이다. 한 마디로 정리하면 다독·속독·정독을 함께 병행한 양날의 독서 방법이다.

저자가 그 많은 양의 책을 빠르게 읽으면서도 내용을 이해할 수 있었던 비결은 무엇일까.
저자는 "독서는 메모이다"라고 말한다. 메모의 중요성을 강조한 것인데, 바로 이 메모하기가 독서에 있어서 내용 이해에 매우 훌륭한 역할을 한다.
저자가 책을 빨리 읽으면서도 내용을 이해할 수 있었던 이유는 핵심 내용을 파악하려고 '단순·반복·메모'로 훈련했기 때문이다.

여기에 저자는 중요한 조언을 하나 덧붙인다. '욕심을 버리라'고. 독서는 단순히 책의 글자를 읽는 것이 아니다. 책을 읽고 내용을 이해하여 지식을 쌓거나 감동을 느끼거나 하여 글을 자기화 하는 과정이 수반되어야 제대로 된 독서라 할 수 있다. 그러나 처음부터 책의 모든 내용을 다 이해하려고 하면 독서를 잘할 수 없게 된다.

저자의 나비 독서 기본 자세는 '2% 핵심 파악'을 하는 것이라고 이야기 한다. 전체의 책에서 핵심 내용은 단 2%에 불과하다는 것이다. 모든 내용을 완벽하게 이해하려는 욕심을 버리고 나비 독서를 실천하면 이해 능력이 속도가 붙어 독서의 바다를 뛰어넘는 그야말로 '나비 독서' 경지에 이르게 된다는 것이다.

이 책은 이와 같이 저자가 직접 터득한 독서 방법이 명료하게 쓰여 있다. 그 안에는 저자의 진솔한 경험과 신념이 담겨 있어 유머러스한 감동과 메시지를 함께 전달하고 있다. 또한 흥미로운 예화와 저자의 경험에서 나온 시詩들을 곁들였기 때문에 힘들이지 않고 재미가 있으면서도 쉽게 읽을 수 있다.

그렇기 때문에 한 번 정독으로 끝낼 것이 아니라 재독하고 반복하여 핵심을 이해하면 저자가 이야기하는 "나비 독서"가 가능하리라 믿는다.

독서의 필요성은 인식하되 실행에 옮기기를 힘들어 하는 사람들, 독서를 어떻게 해야 하는지 갈피를 잡지 못하는 사람이나 다양한 독서 방법에 관심 있는 이들에게 많이 도움이 될 책이라 생각한다.

# 프롤로그 *Prologos*

그동안 서점과 도서관을 오고 가며 어떻게 책을 읽어야 될까 고민을 많이 하였다. 차가운 서점 바닥에 내려 앉아 밀려오는 피곤과 졸음 속에 몸부림 치면서 책과 씨름을 하였다.

'부부는 싸우다가 정이 든다'나? 아마도 책과 악전고투를 벌이다가 슬며시 정이 들더니 마침내는 책을 사랑하게 되었나 보다. 마치 이성을 알게 된 순박한 소년의 사랑처럼 책을 사랑하게 되었기에 지루하고 고통스러운 7년의 세월을 수일같이 훌쩍 지내고 말았다.

구약 성서에 보면 '야곱[1]'이 사랑하는 여인 라헬과 연애를 한

---

1) 야곱 p. 185

까닭에 7년이라는 머슴 생활을 수일같이 훌쩍 보냈다'는 이야기가 있다.

아마도 나는 책과의 연애를 한 것처럼 7년이라는 시간을 그렇게 지냈던 것 같다.

이렇게 보낸 시간 속에서 어떻게 책을 빨리 읽고 많은 책을 독서할 것인가, 하는 고민 끝에 이렇게 보고 저렇게도 보면서 나에게 맞는 독서 방법을 찾았다. 물론 서점에 나온 각종 독서법에 대한 책자들도 참고하였다. 그러나 '내 눈에 안경'이라는 말이 있듯이 내 몸에 맞고, 나의 성향에 맞는 독서 방법을 찾기 위해 온갖 고초를 겪으면서 계발한 것이 "나비 독서"이다.

나는 이 방법을 통하여 매년 천 권씩 7년 동안 메모하면서 7,000권의 책을 독서하여 마침내 『나비처럼 독서하기』란 책을 출간하게 되었다.
이 책의 핵심적인 내용은 이 세 가지의 힘, 세 가지의 원리에 있다. 즉 '단순의 힘', '반복의 힘', '메모의 힘'이다. 이 세 가지의 원리를 적절히 사용하면 고질적인 독서의 병, 즉 독서

기피증, 무력증을 고칠 수가 있게 된다.

저자는 이 원리를 깨우치는데 7년이 걸렸고, 원고를 탈고하여 5년이라는 시간 속에서 "나비 독서법" 강의를 하면서 검증하여 책으로 출간하게 되었다. 그리고 이 책의 내용을 나의 블로그 *blog.daum.net/ys24202420*에 올리고 온라인 도서 8천여 권을 옮겨 놓았다.
나와 함께 나비처럼 독서하여 나비의 진정한 자유의 세계를 경험해 보시지 않으실런지~.
이 책이 말하고자 하는 핵심을 놓치지 말고 읽고 또 읽으면 독자님들도 나비처럼 '자유로운 독서'를 즐기게 되리라고 확신한다.

나비 독서가 나오기까지 나를 인도하신 하나님께 영광을 돌리며 그리고 나와 함께 동거동락同居同樂하여 준 아내에게 감사함을 전하면서 이야기를 시작하고자 한다.

2015. 5.
제주도 도평리에서
著著 김 용 호 씀

시

# 새는 알을 깨고 나온다

– 헤르만 헤세[2] –

새는 알을 깨고 나온다.
알은 새의 세계이다.

일어나려는 자는
한 세계를 파괴해야만 한다.

새는 신에게로 날아간다.
그 신의 이름은 아브락사스이다

The bird fights its way out of the egg.
The egg is the world.
Who would be born must first destroy a world.
The bird flies to God.
That God's name is Abraxas.

---

2) 헤르만 헤세 p. 185

이 시에서 시인은 새가 되려는 생명은
그 알에서 깨어 나와야 한다고 말을 한다.


또한, 알의 세계에서 탈피한 생명은 둥지를 포기하고
희생하지 아니하면 창공을 나는 완전한 새가
존재하지 못한다고 이야기한다.


그러므로 한 마리의 새가 되기 위해서는
부득불 '한 세계'를 희생하여야만 한다.


그렇지 않으면 새로운 생명이나
새로운 도약은 없는 것이다.

그림
에세이

# 나비가 된 애벌레 이야기

한 마리의 나비가 되기 위해
알 속에서 꿈을 꾸는 애벌레가 있었다.

그러나 정작 알에서 깨어 나와 보니
화려한 나비는 커녕 징그러운 애벌레였다.

기가 막히고 앞이 캄캄하였다.

그래서 애벌레는 극단의 결심을 한다.


'차라리 자살하여 비참한 현실을 벗어 버리자⋯⋯.'

이때 어디선가 동료 하나가 다가와
자살은 어리석은 짓이라 일러 주었다.

"애벌레의 생애는 이런 과정을 거쳐서
나비가 되는 거란다."

죽으려면, 가만히 있어도
천적인 새가 와서 먹게 되어 있다나?

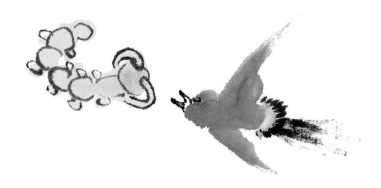

"그러나 열심히 뽕잎을 먹으면,
우리 속에 나비의 DNA가 있어
때가 되면 나비로 변신이 된단다."

이 놀라운 소식을 들은 애벌레는
뽕잎을 먹기 위해 동료들과 어울려서
한 나무에게로 갔다.

그리고 열심히 뽕잎을 먹었다.

먹고 또 먹고 또 먹고,

몸에 반응이 올 때까지⋯⋯.

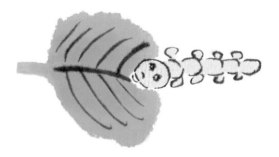

지루하고 고통스러운 시간이 지나 때가 되니
애벌레의 입에서 이상한 물이 줄줄줄 흐르고 있었다!!

"오 마이 갓! 이것이 바로 그것이로구나……."


애벌레 입에서 나비로 만들어 줄 명주 실이
입에서 줄줄줄 나오고 있었다!!


"오오, 신기하기도 해라……."

그 후에 애벌레는 거짓말처럼, 나비가 되어
애벌레들 위를 날으며 이렇게 말하고 있었다.


"조금만 더 참아, 용기를 내라구!
조금만 있으면 너희들의 몸 속에도
나와 같은 두 날개가 나온다니까!!
진짜라니까!"

드디어 애벌레는 한 마리의 아름다운 나비가 되었다.
나비의 세계에서만 보고 느끼고 들을 수 있는 소리에
이끌려 아름다운 나라로 날아갔다.

내 몸 속에 4차원의 세계를 정복할 수 있는
완전한 능력이 있다는 것이야말로
그 얼마나 위대한 일인가!

# 소크라테스의 무지 無知

*안전이란 미신 같은 것이다. 자연적으로 존재하는 것도 아니며, 일반적으로 경험할 수 있는 것도 아니다. 위험을 회피하는 것은, 장기적으로 보면 솔직하게 노출하는 것보다 더 안전하지 못하다. 인생이란 과감한 모험이다. 그렇지 않으면 아무것도 아니다.*

*– 헬렌 켈러 –*

소크라테스는 철학의 아버지이며, 철학의 출발점이다.
그는 자신에 대하여 이렇게 말했다.
"나는 내가 무지하다는 것을 안다."

세상에, 소크라테스를 따라갈 만한 철인이 어디 있나, 이러한 그가 이렇게 말을 하였다니 놀라지 않을 수 없다.

이렇게 말하는 소크라테스를 보고 어느 철인이 그에 대하여 이렇게 평가를 했다.

"신이 소크라테스를 철학의 대가로 인정하는 것은 그가 자신의 무지를 인정했기 때문이다."
소크라테스가 자신이 무지하다는 것을 안다고 말하는 것에 관하여 '임마누엘 칸트'는 이렇게 말한다.

"우리의 앎이 아무것도 아님을 통찰하는 것이 학문이다. 자기 인식의 한계와 자기인식의 범위를 통찰하고, 그렇게 함으로서 자기가 아무것도 알지 못한다는 것을 인식하는 것이야말로 아주 심오深奧한 철학이다.
소크라테스는 많은 탐구를 통해 자기가 아직 아무것도 알지 못한다는 것을 알게 되었다."

# I. 잘 되는 독서를 위하여

책을 많이 읽을수록 독서력은 기하급수적으로 강해진다. 독서광이라 불리는 사람들은 한눈으로 여러 대목을 살피며 읽어낸다. 그리고 요점만 골라낸다. 이에 따라 필요한 대목을 스스로 활용할 수 있다.

－E. A. 포우－

'실낙원'을 쓴 존 밀턴[3]이 말하기를 "천국 가는 길을 잘 알기 위해서는 먼저 지옥으로 가는 길을 잘 아는 자가 천국 가는 길을 아는 것"이라고 말했다.

---

3) 존 밀턴 p. 185

독서를 잘하기 위해서는 먼저, 독서가 왜 안 되는지를 잘 아
는 사람이 독서를 잘 할 수 있게 된다.

독서가 왜 나에게는 잘 안 되는가 고민은 했어도 그 원인에
대하여는 깊이 생각하지 않았다.

우리의 독서가 잘 안 되는 이유는 독서 방법이 잘못되어 있
고 또한 1시간의 여유 있는 독서조차 할 수 없는 환경 때문
이다.

그래서 어떤 책을 읽다가 주위가 산만해지면 책을 접고, 또
펼쳐서 읽는 것을 반복하다 보니 독서의 포기가 자연스러워
지게 된다.

이 현상을 "실패본능"이라고 한다. 이 실패본능의 병을 빨리
고칠 수 있는 백신을 처방하여 '독서 무력감'의 병을 치료해
야 하는데 이 치료 백신이 바로 "나비 독서"이다.

그럼 우리 사회가 대수롭지 않게 생각하는 독서 무력감이라
는 병이 어떻게 걸렸는가에 대해 잠시 생각해보자.

우리는 서점이나 도서관에서 읽은 책이 흥미를 못 끌 때 자연스럽게 독서를 포기하는 것이 일반적인 일상이 되었다.

이것이 자연스런 현상이 되다 보니 독서의 자신감도 자연스럽게 없어져 책에 대한 흥미를 잃게 된 것이다.
그것은 곧 독서의 무력감이 되어 자연스럽게 책도 멀리하게 되고 마침내 책에 대한 '기피증'과 '무력증'이 평생 책을 멀리하는 계기가 되어 1년에 책을 3~4권 정도 읽는 '야만의 시대'를 살게 되는 것이다.

독서에 흥미를 잃으면 열정이 식어 책을 읽고자 했던 의욕을 잃게 되고 책을 포기하게 된다. 이것이 일반화 되어 도서관이나 서점을 멀리하게 된다.

아인슈타인은 이런 말을 했다.
"흥미와 취미는 세상의 가장 훌륭한 선생이다."
그렇다. 책에서 흥미를 느끼고, 취미를 갖게 되면 책을 가깝게 하는 계기가 된다.

내 자신이 먼저 책에 대하여 흥미를 느끼고 독서에 취미를 갖다 보면 자연스럽게 책에 대하여 자신감을 갖게 되고 책을 사랑하게 된다.

그러다 보면 도서관과 서점을 가까이 하게 되고 책에서 만나는 수많은 영웅 호걸들과 지성인들의 생각을 배우다 보면 자신도 모르게 아는 게 많아져 주변 사람들에게 유식하다는 평을 받게 되며 심지어 주변의 많은 사람들에게 멘토가 되어 있는 자신을 발견하게 된다.

자식들도 부모의 유식하고 박식함에 자주 대화를 하게 되고 그러다 보면 자신도 삶에 대하여 자신감과 모험심이 생겨 새로운 신세계를 창조하게 된다.

그러면 아인슈타인이 이야기한 책에 대한 '흥미와 취미'를 어떻게 가질 수 있을까?

그것도 반대로 먼저 책에 대한 '자신감'과 '흥미'를 가질 수 있게 하는 테크닉을 배우면 된다. 이 테크닉이 바로 "나비 독서"의 방법이다. 저자는 이 테크닉을 3가지의 원리로 이야기하고자 한다.

첫째, '단순성을 키우는 것'
단순성이란 글의 내용에 대하여 최대한으로 단순한 글로 메모하면서 독서하는 훈련이다.

이러한 훈련은 책을 통해서 하는 것인데, 상식에 관한 책 즉 인문학에 대한 모든 책을 대상으로 하여 한 권을 20분씩에 한하여 메모하면서 독서하는 습관을 키우는 것이다.

이렇게 하여 하루에 3~4권을 메모하다 보면 한 달에 90권~120권을 독서하게 되고, 이 훈련을 계속하다 보면 책에서 얻는 지식으로 인하여 자신감과 용기를 얻는다. 그러면 이 한 가지 훈련으로 인하여 '자신감'과 '흥미'를 가지게 된다.
저자는 이러한 훈련을 통하여 매년 1,000권씩 메모하면서 독서를 하게 되었고, 이 습관을 7년 연속하게 되니 책에 대한 자신감이 생긴 것은 물론이고, 이러한 독서 방법으로 "나비 독서" 강사가 되어 지역사회에서 강의를 하게 되었다.

둘째, '반복을 통하여 속도를 높이는 것'
어떤 행위를 반복하다 보면, 그 일에 대하여 속도를 높일 수 있게 된다. 속도를 가지게 되었다는 것은 그 자체가 전문가가 된다는 의미이다.

새 밀레니엄의 시대는 속도의 시대로, 남보다 빨리 할 수 있고, 많은 것을 처리하는 능력의 시대임을 의미한다.
반복을 통하여 속도를 내고, 속도를 높이면 통찰력이 생긴다. 이 통찰력은 빠른 속도에서 얻어지는 능력으로서 남보다 먼저 보고, 먼저 깨닫는 능력이다.

그러므로 반복하는 훈련을 지속적으로 해야 하고, 그 시간을 계속 유지하게 될 때 비로소 전문가가 되고, 능력자가 된다.

셋째, '메모하는 것'
'독서는 메모다', 나는 이렇게 정의하고 싶다.
아무리 수천, 수만 권의 책을 독서하였다고 하여도, 기억하지 못하면 그 독서가 무슨 유익이 되겠는가? 그러므로 독서는 반드시 메모가 수반되어야 참다운 독서를 하는 것이라고 생각한다.

왜 메모를 반드시 해야 하는가? 그것은 사카토 겐지라는 사람이 자신의 책『메모의 기술』에서 "메모는 기억보다 강하다"라고 했듯이 독서를 통하여 깨우치되, 그것을 기억해야 의미가 있지 기억하지 못한 정보나 지식은 마이동풍 馬耳東風일 뿐이다.

나비 독서의 기본 원칙은 세 가지 원리와 원칙으로 시작하고 마무리하는 것이다.

이 책에서 세 가지 원리를 중심으로 이야기하고, 자신의 독서 원칙을 분명히 세워 훈련한다면, 반드시 '나비 독서'의 비결을 깨달을 수 있다.

그러면, 자신의 4가지 원칙은 아래와 같다.

① 독서는 나에게 맞는 내 방식으로 한다.
② 독서는 이해하는 것만 하고 이해되지 않으면 넘어 간다.
③ 독서는 메모와 함께 핵심만 찾아서 한다.
④ 독서는 어떤 책이든 20분을 넘지 않는다.

이렇게 원칙을 정하고 독서를 하니까 독서가 안 되어도 마음은 편했고, 어떨 때는 약간의 독서가 되기만 해도 마음이 너무 기뻤다.

처음부터 독서가 잘 되지는 않았지만, 시간이 지나면서 나만의 4가지 원칙, 스키마 *schema* 로 자리를 잡게 되니까 독서의 속도를 낼 수 있었고 이것이 '나비 독서'의 시작이 되었다.

이렇게 책의 에센스 *essence*[4]만 읽는 방법으로 독서 훈련을 하다가 보면, 적은 양의 지식 2%이지만 이것들이 모아져서 지식을 넓히는 계기가 되어 독서의 바다를 항해하는 자신감을 갖게 한다.

독서의 자신감을 갖는다는 것은 내 일생 일대의 가장 중요한 순간이며 자산임을 알게 된다.

---

4) essence p. 185

# 정말, 독서의 능력을 갖기 원하는가?


*남의 피를 이해한다는 것은 그렇게 쉬운 일이 아니다.*
*나는 한가하게 독서하는 한가한 사람을 증오한다.*

*— F. W. 니체 —*


셰익스피어[5]는 독서에 대하여 이러한 말을 했다.
"얼굴이 잘 생기고 못 생긴 것은 운명 탓이지만, 독서와 독
서의 힘은 노력으로 갖추어질 수 있다."

독서와 독서의 힘은 내가 얼마나 어떤 노력을 하느냐에 따라
땀을 흘린 것만큼의 성과를 가질 수 있다. 이렇게 남다른 독
서의 열정이 그 독서의 능력을 만들어 준다.
이 책은 특별하고 놀라운 독서 방법인 반면에 아주 단순한
*simple* 독서 훈련이다.

---

5) 셰익스피어 p. 185

조선조 시대에 김득신[6]이라는 선비가 있었다.

이 선비는 한학자로 책을 읽고 또 읽는데 얼마나 열정인지 그의 호를 억만재라 하였다.

이 선비가 애독한 책이 있는데, 중국 사기 史記인 사마천의 '백이열전 百二列傳'이라는 책인데, 그는 이 책을 다 암송하였다고 한다.

그가 이 책을 읽고 또 읽으며 암송을 한 기록은 1억1만1천 번을 읽고 외웠다고 알려지고 있다. 요즘의 계산으로 약 10만 번에 해당되는 수이다. 백이열전을 하도 읽고 외워서 그의 머슴인 마당쇠도 다 외웠다고 한다. 주인이 낭송을 하다가 생각이 안 나면 마당쇠를 불러 묻기도 하였고 어떤 때는 마당쇠가 틀린 부분을 지적하였다.

가히 한학자로서의 그 열정은 쇠도 녹일 정도였으니 그의 해박한 지적 수준이 어느 정도였는지 짐작이 간다.

정말 독서를 잘하고 싶은 마음이 있는가?

그렇다면 김득신 선비와 같은 독서의 열정을 가져야 한다.

목표가 크고 값진 것일수록 반드시 그만큼의 희생이 요구된

---

6) 김득신 p. 185

다. 이러한 열정과 희생의 각오가 없이는 아무 것도 성취할 수 없다. '나비 독서법'도 결코 쉬운 것이 아니다. 그러나 분명 그만큼 값진 것임에는 틀림없다.

저자는 이 방법으로 매년 1,000권의 책(상식에 관한 책)을 메모하였고, 신간 책을 따라 잡을 수 있게 되었다.

만일 1년에 1,000권의 책을 독서한다면, 이는 평범한 사람이 매달 4권씩 1년에 48권, 10년에 480권, 20년을 독서했을 때 960권을 독서할 수 있는 분량이다.

만일, 나비 독서로 매년 1,000권의 책을 독서를 할 수 있다면 보통 사람의 20년의 세월을 앞당겨서 미리 공부하고 연습을 하는 것이기 때문에 당연히 앞을 내다보고 앞서가는 것은 당연하다.

그렇기 때문에 이러한 독서법을 나의 것으로 만들기 위해서는 앞서 이야기한 김득신 선비 같은 뜨거운 열정으로 읽고 또 읽으며 노력만 한다면 충분히 이러한 나비 독서법을 할 수 있다.

# 독서 유감

지난해 2004년 2월 1일부터 시작한 1,000권 독서 목표가 천신만고 끝에 2004년 10월 25일에 끝났다. 얼마나 힘들었는지 지금도 선명한 기억이 남아있다.

그렇게 우연히 시작한 1,000권의 독서는 도서관과 서점에서 무가無價로 읽는 것을 원칙으로 하고 시작했다.

이렇게 하루 하루를 최선을 다해서 피곤해도 서점의 바닥에서 졸았고 시간이 없어도 단 20분의 마감시간 여유가 있어도 서점에 들러서 한 권의 책이라도 읽고 집으로 갔다. 목표했던 마감의 시간이 다가오자 장편소설 종류를 택해서 하루에 10권~50권의 소설을 기록해 나가기도 했다.

그리고 마침내 1,000권의 독서를 이루어냈을 때 그때의 그 감격은 이루 말할 수가 없었다.

비록 짧은 시간 20분에 한 권의 책을 메모하면서 읽는 독서이기는 하지만 그 성취감은 정말 놀랍고 감격스러웠다. 그래서 그날은 설레이는 맘으로 케익과 삼페인을 사서 아내와 함께 자축을 했다. 이 날을 잊지 않으리라는 나만의 추억이자, 승전일을 기념하는 셈으로 말이다. 아마 나의 블로그 *blog. daum.net/ys24202420* 에 그때의 기억을 기록한 글이 남아 있다.

그리고 올해 다시 2005년 1월부터 시작한 "1,000권의 독서" 목표를 시작하고 그리고 10월 31일에 또다시 그 목표를 달성하였다. 그러나 첫 해처럼 감격은 없었다. 삼페인도, 케익도 없다. 아내의 따뜻한 격려도 없이 지나갔다.

다만 이제는 1년에 2,000권의 독서에 도전하겠다는 "괜한 욕심"만 생겼다. 도대체 그렇게 책을 보아서 무얼 하려고 하지? '나도 조앤 롤링처럼 초대형 베스트 셀러스트가 돼야지 ......'

그러나 이렇게 책을 보니까 이제는 책을 자유자재로 즐기게 되었다. 그러나 이러한 나 혼자만의 기쁨은 잠시 뿐, 누군가와 나누어야겠다는 생각을 하게 되었다. 이렇게 독서를 한다는 것은 대단한 힘이라고 생각을 했는데, 혼자서 가지고 있는 것은 별로 오래 가지 않는 기쁨이라는 것을 이제사 깨달은 걸까?

그래서 '독서유감'이라는 말이다. 그러나 이렇게 책을 자유자재로 즐길 수 있다는 것이 얼마나 즐거운지 모른다. 이제 서점에 가면 마치 그 서점이 나의 서재인 것 마냥 즐겁기만 하다. 이런 즐거움을 그 누가 알리오만은⋯⋯.

고독은 무식한 자에게는 없는 것일까, 아니 고독은 유식한 자의 공간에 서식하는 조용한 곰팡이인가⋯⋯.

왠지 모를 고독이 나도 몰래 다가오는 것을 가끔씩 느낀다. 지나간 철인들과 지인들의 고독을 이해하기 시작해서인가, 아무튼 그런 고독이 나에게 스며들었다고나 할까⋯⋯.

누군가와 하루 온종일 소크라테스[7]와 플라톤[8], 그리고 아리스토텔레스[9] 등 철인들의 이야기를 실컷 떠들다가 레오나르 다빈치의 다비드 상과 미켈란젤로의 피에타 상의 이야기, 돈나텔로의 다비드상, 그리고 고갱과 고흐의 이야기 그리고 마네와 모네의 이야기, 그리고 마티유와 사강 그리고 렘브란트, 피카소의 아비뇽의 여인들의 명화를 떠들고 싶어진다. 아인슈타인의 상대성이론과 특수상대성에 대한 이야기, 뭐랄까 모르겠다.

아무튼 책을 무작위로 읽다가 보니까 이상한 고독과 가끔씩 마주하게 되었다. 누군가와 이야기를 하고 싶은데 누군가가 없다는 것이 이상한 외로움이다.
그래서 나도 '프랑수아 사강'이 찾고 있는 '장 아제베도'를 나도 찾고 있는 게 아닌가 싶다. 나의 '장 아제베도'를……

이제는 10권~20권의 책을 한 번에 가서 읽고 오는 게 나의 취미가 되어 버렸다.

---

7) 소크라테스 p. 185
8) 플라톤 p. 185
9) 아리스토텔레스 p. 186

# 나비 독서에 대하여

어떤 책은 음미하고 어떤 책은 삼키고, 소수의 어떤 책은
잘 씹어서 소화해야 한다.

- F. 베이컨, '수필집' -

먼저 나비 이야기로 시작하여 보자. 나비에 대한 이야기를
인류 최초로 이야기를 한 사람은 아리스토텔레스였다.

나비는 모든 곤충들과 동식물들 가운데서도 변신과 부활 그
리고 단순하면서도 화려한 면의 대표적인 곤충이다. 나비는
가장 열악한 환경과 조건에서 적응하여 상상을 초월한 환경
속으로 변신에 성공을 한 곤충이다. 자신의 몸을 환경에 맞
게 변화하면서 유유자적하는 나비를 능가할 곤충이 어디 또
있을까?

나비의 그 능력과 힘, 그 변신의 원천은 어디서 나온 것일까?
그것이 바로 오늘 이 책에서 이야기하고자 한다. 나비 독서

의 파워는 '단순', '반복', '메모'에 있다고 미리 말하였다. 다
만 그것을 어떻게 연습하고 훈련하여 성공적으로 나의 것으
로 만드느냐 그것이 가장 중요한 관건이다.

그래서 그 훈련 과정과 저자가 경험했던 것을 바탕으로 소개
하기 전에 저자의 시 한 구절을 소개한다.

# 나비 독서

- 김 용 호 -

나비처럼 난다면
나비처럼 산다면


수많은 꽃을
즐기는 나비처럼


수많은 책을
즐기리라.

나비는 알에서 시작하여 애벌레로 태어난다.
그리고 그 애벌레에서 고치로 들어가기 전까지는 미친 듯이
푸른 잎사귀에 목숨을 걸고 먹는데 온 힘을 쏟아 붓는다.

애벌레는 모든 것이 노출되어 있기에, 생명을 담보로 한 처
절하고 절박한 삶을 시작한다. 애벌레들은 정한 양을 채우기
위하여 생명을 담보로 하는 경쟁, 그야말로 '사느냐 죽느냐'[10]
의 치열한 경쟁에서 살아 남기 위한 필사의 싸움을 한다.

이렇게 먹고 먹히는 긴장의 하루하루의 삶을 충실히 이행한
애벌레만이 환생을 위한 준비의 하나로 고치를 만들기 시작
하고 이렇게 준비된 애벌레들은 고치 속으로 들어가 마침내
나비로 탄생한다.

새로이 태어난 애벌레의 세상과 나비의 세상은 전혀 다른 천
양지차 天壤之差 의 문화와 삶을 살게 된다.
그야말로 애벌레와 나비의 삶이란 극과 극의 삶 그 자체다.
먹이도 애벌레가 먹는 잎사귀와 나비가 먹는 꿀의 양도 엄청
차이가 난다.

---

10) '사느냐 죽느냐' p. 186

지금까지의 독서가 애벌레와 같은 차원의 독서였다면, 나비 독서법은 이렇게 애벌레와 나비 같은 차원의 독서였다는 것을 알 수 있다.

애벌레의 독서 방법은 좁은 공간에서의 한정된 독서라고 한다면, 나비 독서 방법은 무한 공간에서 자유로운 독서이다.

단지, 무한 공간이라는 자유만 경험하겠는가?

만일 나비 독서법을 가지고 독서를 한다면, 책에서 오는 지적 만족감, 몰랐던 부분에서 오는 기쁨, 언제나 자유롭게 독서를 즐길 수 있는 여유……, 아마도 생애 처음 겪는 흥분과 기쁨을 동시에 경험하게 될 것이다.

# 바랑을 버릴 테냐 생각을 버릴 테냐

*사랑하는 자식을 다루는 것과 같은 요령으로 책을 다루
어라.*

*– 브레이즈 –*

옛날 두 스님이 동네에 내려가서 시주를 받게 되었다.

그날따라 시주가 많이 들어와 두 스님들 바랑은 가득 차게
되었다. 그래서 이제는 빨리 돌아가야 먼 절간까지 다를 수
있게 되어 발길을 재촉하게 되었는데, 짐이 하도 무거워서
젊은 스님이 앞서 가는 노승을 불러 세웠다.

"스님, 스~니임!! 아이고 무거워서 더 이상 못 가겠습니다.
제발 잠깐만 좀 앉았다가 갑시다요~."

그러자 노승은 뒤를 돌아보면서 하는 말,

"여보게, 바랑을 버리든지, 생각을 버리든지 둘 중에 하나는
해야 할 게야~!"

그러더니 그 노승은 부지런히 쉬이, 쉬이 팔을 내어 저으며
멀찍이 가는 것이다. 젊은 스님은 볼멘소리로 꿍시렁대면서
따라오고 있었다.

얼마쯤 가자 동네가 나타나 마을을 지나가게 되었는데 동네
아낙네 하나가 머리에 물동이를 이고 지나가고 있었다. 그러
자 노승이 갑자기 그 아낙네의 두 귀를 잡고 찐한 키스를 하
는 게 아닌가? 그러더니 노승은 줄행랑을 치고 말았다.

그러자 아낙네는 소리를 고래고래 지르면서

"저 놈 잡아라~! 저 늙은 중놈 잡아라~!" 하는 것이다.

젊은 스님은 순식간에 일어난 일의 사태가 심상치 않음을 알
고, 자기도 모르게 노승의 뒤를 따라 도망치게 되었다. 마을
의 남자들을 따돌리고 얼마쯤 산 중턱을 넘자, 노승에 대해
서 화가 치밀었다.

"나 원 기가 차서…… 갑자기 미쳤나? 왜 하필이면, 동네 아

낙네에게 그런 몹쓸 짓을 한단 말인가?"

하면서 산을 거의 올라왔을 때, 노승은 어느새 왔는 지 빙그레 웃으면서 자신을 쳐다보고 있는 게 아닌가?

그러자 젊은 스님은 화가 단단히 나서 보자 마자 따지고 물었다.

"아, 아, 아니 스님, 미쳤습니까? 왜 그런 해괴한 짓을 다 하십니까?"

하고 젊은 스님은 짜증을 내었다.

그러자 노승이 하는 말.


"그래, 아직도 바랑이 무거우냐?"

# 불광불급 不狂不及

독서와 황금을 함께 사랑할 수는 없다.

— R. 밸리 —


'미치지 않으면 이르지 못한다'

즉, 불광불급 不狂不及의 뜻이라 하겠다.
무언가 도달하고 통달하고자 한다면 그 일에 적당히 해서 되
는 일이 없으므로, 아예 미쳐야 한다는 의미이다.

나비 독서 방법을 소개하면 이렇다.

첫째, 작은 노트를 준비하여 선택된 책의 핵심을 찾아내는
일부터 시작한다.

이 책은 어떤 책이고, 그 책에 대한 소개와 책의 내용을 미

리 요약하는데, 가이드 해주는 글을 우선적으로 메모하면서 읽기를 동시에 한다.

이러한 내용은 주로 책의 앞뒤 장에 나오기 때문에 우선적으로 메모를 먼저 한다. 물론 이해가 가든 안 가든 먼저 메모하면서 읽는다. 이렇게 메모하면서 책의 내용을 파악하는 것이 첫 번째로 해야 하는 훈련이다.

둘째, 어떤 책이든 우선적으로 메모한 책의 내용은 20분 이내로 간략하게 소개할 수 있을 정도의 글을 기록하는 연습이다.

셋째, 내용이 없는 책이나 감을 잡을 수 없는 책들은 포기하고 쉽고 이해가 빠른 책부터 메모하는 것을 원칙으로 한다.

넷째, 메모를 할 때는 일기를 쓰는 것처럼 일시 / 장소 / 시간 / 책의 제목 / 저자 / 역자 / 페이지수 / 출판사명 / 가격까지 꼼꼼히 기록하는 습관을 들인다.

또 한 가지, 읽은 책들은 고유 번호(NO.)를 표기해서 처음부터 기록한다면 지금 몇 권의 책을 읽고 있는가를 쉽게 알 수 있다.

이렇게 책을 동시에 메모하면서 읽는 방법을 습관화하게 되면 두 가지 방법(메모와 읽기)을 동시에 훈련하게 되어 책을 쓰면서 읽는 독서를 하게 된다.

이런 방법으로 약 300권 정도 독서 훈련을 하면 자신의 방법, 즉 스키마*schema*(자신만의 선험적인 능력)[11]라는 것이 몸에 배이게 된다.

물론, 이렇게 읽는 것이 완전한 독서라 할 수는 없지만, 이러한 방법으로 책을 독서하여 약 300권 정도 훈련하게 되면, 메모하면서 독서하는 두 가지 방법으로 동시에 책을 읽을 수 있는 능력이 생기게 된다.

처음부터 잘 되지 않겠지만, 이러한 방법으로 계속 반복적인 훈련을 계속하면 어느 순간부터 책이 읽혀지게 된다.

이러한 방법으로 1,000권의 독서 계획을 세우고, 하루에 최

---

11) 스키마*schema* p. 186

소한 3권씩 1권에 20분 이내로 읽는 훈련을 하면, 일 년에 약 985.5권의 책을 읽고 메모할 수 있다.

매달 60권~90권을 1년 동안 해서 1,000권을 독서하게 된 다면 머지않아 자신감과 성취감, 그리고 지적인 충전의 감회 와 감격, 환타지 그 자체를 경험하게 된다.

# II. 단순의 힘

*독서의 참다운 즐거움은 몇 차례고 거듭하여 읽는 데 있다.*

*– D. H. 로렌스 –*

단순함이란?

매우 긍정적이고 호전적好戰的인 면, 날刀을 말한다.

단순성에는 매우 놀라운 칼의 날刀과 같은 예리한 능력이
배어 있다.

어떠한 물체에서 굉장한 힘이 나오는 것을 보면 그 원리가
매우 단순한simple 구조를 가지고 있고, 이러한 구조의 단순
성으로 인해 그곳에서 생각도 못한 힘과 효율적인 능률이

나타난다.

마라토너가 42.5km의 죽음의 거리를 완주하려면 그가 가지고 있는 모든 것을 아주 단순한simple 구조로 갖추어야 그 죽음의 거리를 정복할 수 있다.
수영 선수도 최대한 단순하게 해야 최대의 속도를 내는 것과 같다. 역학 구조에 놀라운 힘이 나오는 것은 그 구조와 원리가 매우 단순simple하기 때문이다. 선풍기나 비행기의 프로펠러의 나선형 구조도 아주 단순하지만, 커다란 힘을 일으키고 있다.

독서의 방법도 마라톤을 하는 것과 같아서 단순simple하게 하는 능력을 키우지 아니하고서는 수많은 책들을 소화해 낼 수도 없고 또 장기간의 독서도 불가능하다.

나비 독서는 방법 자체가 단순하면서도 장시간 독서하기에 지치지 않는 단순한simple 나선형의 구조를 가지고 있다. 이러한 구조로 시작을 쉽게 하면, 쉽게 이해하고, 지속성을 유지하면 독서의 능력은 자연스럽게 가지게 된다.

모든 일을 단순하게 처리하는 사람은 일의 원리를 아는 사람이며, 매우 능력 있는 사람이다.

반면, 복잡한 구조를 가지고 있는 관료사회나 조직사회는 느리고 둔하기에 서서히 붕괴된다. 세계사의 관료 조직들 즉 봉건사회나 전제국가 체제와 공산국가 체제의 붕괴가 이것을 말해 준다.
그러나 단순한 조직으로 이끌어가고 유지하는 사회나 조직들은 가볍고 밝으며 단단하고 견고하다.

그러므로 아주 심플한 독서법으로 책을 즐기면 많은 책들을 즐길 수 있다. 이렇게 되면, 나비처럼 내공이 생겨서 공간을 활공하게 할 수 있는 능력이 생기게 된다.

마치 활공하는 다람쥐나 활공하는 도마뱀이나 뱀처럼…….
나비 독서는 이렇게 가볍게 메모하면서도 독서를 하여 많은 지식을 처리할 수 있는 능력을 가지는 것을 기본으로 한다.

# 어느 목사 딸의 실언

*그것은 종전부터 기록된 것으로 모두 우리들을 훈계하기 위하여 기록된 것이다.*

*— 사도 바울 —*

어느 딸 많은 목사님의 집에 교구 감독님이 방문을 하게 되었다. 유독 코가 큰 감독님에 대하여 목사님은 딸들에게 주의를 단단히 시켰다. 절대로 감독님의 코에 대하여 말을 하거나 이상한 눈빛으로 코를 쳐다보지 말 것을 주의시켰다.

얼마 후 교구 감독님이 목사님의 집에 방문을 하였고, 딸들은 교구 감독님의 코를 쳐다보지 않고, 관심조차 없는 것처럼 애를 썼다. 그런데 커피 대접을 맡은 큰딸이 근엄한 교구 감독 앞에서 이렇게 말을 하고 말았다.

"코에 설탕을 조금 타 드릴까요?"

62

# E=MC²

이 공식은 아인슈타인[12]의 질량–에너지 등가 관계식이다. E는 에너지의 약자, M은 질량의 약자, C는 진공 속의 빛의 속도, 즉 광속의 약자이다. 이 공식에서는 C²이 질량의 단위를 에너지의 단위로 변환하는 데 필요한 변환계수이다. 질량–에너지 등가 관계식에 따르면 어떤 물체(즉 질량)는 움직이고 있지 않다고 하더라도 에너지를 가진다.

이 공식에 의해서 원자력의 에너지가 생겨나고 원자폭탄이 만들어졌다. 일본의 나가사키와 히로시마에 떨어진 원자폭탄의 위력이 얼마나 강력했던가는 역사가 증명해 주고 있다.

---

12) 아인슈타인 p. 186

그동안 우리의 독서는 원시적이다 못해 시대에 뒤떨어진 독서에 매달리고 있다. 단순simple은 무식과 무지의 상징이 아니다.

독서는 자신의 수준에 맞는 책을 골라서 읽어야 독서가 된다. 또한 많은 양의 독서를 하려면 그때부터는 독서의 원리와 방법을 이용해야 효율적으로 독서를 할 수 있다.

독서는 무조건 읽는 행위가 아닌 원리에서 방법으로 디테일[13] 하게 준비한 다음 나에게 맞는 수준의 책으로부터 차근차근 시작하여 반복 훈련으로 이어져야 한다.

그리고 그것을 기록하여 지식을 보관하고 또 그것을 활용함으로써 발전을 거듭하면 마침내 나비처럼 비상하게 된다. 애벌레가 고치 속으로 들어가서 다시 애벌레로 나오는 것이 아니라 전혀 없었던 날개를 달고 창공을 향해 날아오르는 것처럼 우리의 독서도 나비처럼 어느 정점에서는 비상해야 한다.

아인슈타인의 $E=MC^2$ 공식은 매우 단순하지만 그러나 그것

---

13) 디테일 p. 186

이 실제로 활용될 때는 강력하고 대단한 위력을 발휘했다.

여기서 저자가 만들어 낸 공식 하나 소개하기로 한다.

○ = 긍정적인 수이다.
✕ = 부정적인 수이다.
△ = 애매한 수이다.

이들은 서로에게 영향을 주게 될 때 다음과 같은 반응과 결과가 나타난다.

✕ ✕ ✕ = ✕² 부정적인 수와 부정적인 수의 곱은 매우 부정적인 수, ✕²가 나온다.

△ ✕ △ = △² 애매한 수와 애매한 수의 곱은 매우 애매한 수의 수, △²가 나온다.

○ ✕ ○ = ○² 긍정적인 수와 긍정적인 수의 곱은 매우 긍정적이며 적극적인 수, ○²가 나온다.
이 공식은 나비 독서의 긍정적인 수이다.

$X \times O = XO$ 부정과 긍정의 수의 곱은 부정·긍정의 서로 닮은 꼴, $XO$가 나온다.

$X \times \triangle = X\triangle$ 부정과 애매한 수의 곱은 부정과 애매한 수의 복합적인 수, $X\triangle$가 나온다.

$O \times \triangle = O\triangle$ 긍정과 애매한 수의 곱은 긍정과 애매한 수의 복합적인 수, $O\triangle$가 나온다.

이 공식은 쉬운 것에 쉬운 것을 곱하면 아주 밝고 긍정적이고 쉬운 것이 나오지만, 부정적이고 부정적인 것을 곱하면 부정적인 것이 더해서 아주 부정적인 수가 나온다는 일반적인 공식으로서, 모든 일에는 부정적인 것보다는 긍정적이고 밝은 것을 사용해야 쉽고 밝게 된다는 것을 말하는 것이다.

그러므로 나비 독서는 어떤 공식을 사용하겠는가?

당연히 $O \times O = O^2$의 공식을 따른 것이라고 말하고 싶다. 그렇지 않으면 결코 나비 독서가 될 수 없다.

# 능력은 어디서 오는가

*전력을 다하지 않으면 훌륭한 독서는 불가능하다.*

*- A. 베니트 -*

그렇다 현대인에게 영웅[14]이란, 해박한 지적인 힘을 소유하고 있는 것을 의미하는데, 철학에서는 '자기 자신을 아는 것'이 지적인 힘의 시작이라고 말하고 있다.

'데카르트*Descartes, Rene*[15]'나 '사르트르*Jean-Paul Charles Aymard Sartre*[16]', '장 자크 루소[17]', '헨리 데이비드 소로*Henry David Thoreau*[18]'가 현대인들의 자화상이 될 수도 있겠지만, 이렇게 지적인 인물들의 수준까지는 안 가더라도 우리는 독서를 통해서 인생의 의미를 알고 사는 작은 영웅은 될 수 있다.

---

14) 히어로 p. 186
15) 데카르트 p. 186
16) 사르트르 p. 186
17) 루소 p. 186
18) 헨리 데이비드 소로 p. 186

독일의 문호 '괴테Goethe. Johann. Wolfgangvon [19]'는 당시의
지식인들에게 이런 말을 했다.
"현대인들이라면, 과거 3,000년의 역사를 알고 살아야 한다.
그렇지 않으면 영원히 어둠 속에서 평생을 살게 될 것이다."

괴테는 당시에 1만 권의 독서량을 가지고 살았다고 하니 그
의 말과 그의 글은 얼마나 해박하고 지적이지 않았겠는가?
그래서 능력은 어디서 어떻게 오는가에 대하여 원리와 공식
을 소개한다.

지적 능력은 소크라테스Socrates (B.C. 469~B.C. 399)의 말처럼
먼저, '너 자신을 알라'에서부터 시작한다.

먼저 $O \times O = O^2$ 공식을 통해 독서하기 전에 내 자신의 성
향이 긍정적인가 아니면 부정적인가 아니면 애매한 사람인가
살펴보자.
이 공식은 긍정적인 사고방식을 가진 사람에게 나타나는 공
식이다. $O \times O = O^2$ 최소한 이러한 공식 마인드를 가지고
있어야 불가능에 대한 도전을 할 수 있다.

---

19) 괴테 p. 187

그리고 어떠한 목표를 향해 나갈 때는 이렇게 매우 긍정적이면서 매우 적극적인 기질을 가지고 시작해야 한학자 김득신 선비처럼 열성적으로 이 일에 매달려 효과를 본다.

그러기 위해서 $O \times O = O^2$ 공식처럼 자신이 가지고 있는 모든 성향을 단순화하고 심플하게 정리를 한다.

어떠한 목표를 정하고 그곳을 향하여 나갈 때, 마라토너가 자신의 몸과 마음을 단순simple하게 정리하는 것처럼…….

능력은 자신을 단순화하고 한 가지의 목표를 향하여 집중할 때 생긴다.

이것저것 복잡하여 어수선한 사람은 '$X \times \triangle = X\triangle$' 공식에 해당하는 사람이다.

부정적이며 애매한 포지션을 견지함으로써 목표는 분명한데 정리가 안 되고 애매한 행동을 가진 사람은 '죽음의 마의 거리 42.5㎞'를 완주하지 못하고 주저 앉고 마는 불운의 마라토너가 된다.

자신의 주변의 복잡한 것을 단순화시키고 심플한 모드로 전환한 다음 목표를 설정하고 애벌레처럼 죽을 힘을 다해 뛰는 사람에게 능력, 집중력이 생긴다.

자신의 진정한 능력은 밖에서 들어오는 것이 아니라 자신의 몸 안에서 나와서 이 무거운 몸이 바람에 실려 훨훨 나를 때 진정한 영웅이 된다.

20세기의 지적인 영웅들이 나면서부터 그렇게 태어났겠나? 그들도 애벌레 시절엔 애송이 독서가의 한 사람에 지나지 않았다. 이러한 시절이 지나 죽을 힘을 다해 애벌레의 독서 단계를 극복하고 난 후에야 지적인 세계를 자유롭게 나는 한 마리의 나비가 된 것이다.

창공을 나는 미물 하나라도 자신의 몸을 비우지 않고는 바람을 이고 날 수는 없는 것이다.

나비 독서는 독서의 욕심을 버리고, 어느 책이든지 그 책의 2%의 정수를 얻는 목표를 가지고 가장 빠르게 메모하면서 가장 많이 독서를 하는 독서법이다.

# Ⅲ. 반복의 힘 스키마 *schema*

책을 여러 번 읽으면 스스로 뜻을 분명히 알게 된다.

― 위략 ―

스키마란 무엇인가?

여러 가지 뜻이 있지만, 이 책에서는 이렇게 의미를 정리한
다. 나비 독서에서의 스키마란, '자신의 방법으로 독서하는
방법', $\bigcirc \times \bigcirc = \bigcirc^2$을 의미한다.

어떤 사람이 정독을 고집하면서 한 달에 4~5권을 읽고 있
다면 이 독서법은 현실에 맞는 독서라고 볼 수 없다.

현실에 맞는 좋은 독서란? 많은 독서를 하면서도 필요한 정보를 얻게 될 때 그것이 바로 좋은 스키마라고 볼 수 있다.

오늘 우리의 현실은 또 얼마나 빨라졌는가?
책은 또 얼마나 많이 나오는지 도저히 현대인들이 가지고 있는 독서법으로는 신간의 양을 따라잡을 수가 없다.

신간을 겨우 읽을 때 즈음에는 이미 새로운 신간들이 장마비처럼 쏟아져 내려서 내가 알고 있던 새로운 지식은 옛날 지식에 불과하여 이미 시대에 앞서 가는 사람에게는 뒤쳐지기 때문이다.

여기서 바람직한 스키마*schema*란? 최소한 한 달에 30권 ~60권을 독서하면서 새 신간의 속도를 따라잡는 것이 이 시대의 바람직한 스키마의 독서 방법이다.

먼저, 반복의 힘에 대한 이야기를 하여 보자.
반복이라는 것은 지루하고 고루한 현상일 수 있지만 그것은 놀라운 힘의 원천이다. 그러면 어떤 스키마가 원천의 힘을 제공하는 반복의 힘인가?

생각해 보라. 인간이 지금까지 누리는 현대 문명 중에서 모든 힘의 원천이 되고 에너지를 발생하는 곳은 어디였던가?

동그란 원의 바퀴축이 반복적으로 단순하게 돌아갈 때 원천의 힘이 그곳에서 생겼다. 우리가 타고 다니는 자동차의 원심축이 반복적으로 움직이면서 힘을 제공하고 있듯이, 전기와 각종 동력들도 모두 이 반복적인 힘에서 얻는 에너지로 살고 있다. 그러므로 반복 운동하는 곳이 원천의 힘이다. 그럼에도 불구하고 사람들은 반복적인 곳을 애써 외면하고 있다. 그러나 인간 사회에서 요긴하게 사용되는 원천의 힘은 반복의 축에서 그 에너지를 얻고 있다.

마찬가지로 독서의 힘도 이 반복의 힘에서 나온다.
우리의 습관과 능력은 이 반복적인 원리에 의하여 그 힘이 얻어진다. 그러면 어떤 반복의 힘을 활용해야 하는 것인가.

이를테면, 독서를 할 때 빠른 속도로 이미지를 파악하고 내용을 분별하는 집중 훈련을 한다.
또한 나비 독서처럼 600페이지든, 200페이지든 간에 20분에 그 내용을 파악하여 정리하는 훈련을 하면 시간이 흐를

수록 독서에 대한 자신감을 얻게 된다.

혹자或者는 독서는 처음부터 끝까지 정독으로 한 자 한 자 읽지 않으면 그것은 독서를 한 것이 아니라고 생각할 뿐만 아니라 속독을 하는 사람을 향해 독기를 품고 독설을 주저하지 않는 것을 쉽게 볼 수 있다.

그러나 과연 정독을 했다고 해서 모든 책들이 이해되거나 읽혀지는 것은 아니다. 또 모든 책들이 나비 독서로 읽을 때에 독서가 안 되는 것도 아닌 것이다.
어떤 책은 정독으로 읽어야 하는 책이 있는가 하면 어떤 책들은 나비 독서로 10분만에 읽혀지는 것도 있다.
그렇기 때문에 반복적인 힘의 원리를 가지고 어떠한 습관을 가지는가 하는 것은 매우 중요하다.

기왕 독서 방법을 배우려면, 모든 책 상식적인 책을 20분에 읽고 메모하는 습관을 반복적으로 훈련을 하면서 한 달에 평균 30권~60권 이상 독서를 한다면 얼마나 좋을까?

프랜시스 베이컨[20]은 말하기를 "어떤 책은 빨리 읽어야 하는 책이 있는가 하면 어떤 책은 천천히 읽어야 하는 책도 있는 것이다."고 말한다.

그렇다면 오직 한 가지 방법, 즉 천천히 정독하면서 읽는 습관에 훈련이 되어 있다면, 그것은 역시 천천히 읽는 스키마*schema*(습관)를 가졌다는 것인데 기왕이면 20분에 읽고 메모하는 습관을 들여서 빨리 읽으면 좋지 않을까?

그리해서 책을 빨리 읽으면서 메모하고 메모하면서 읽는 동시에 두 가지의 훈련을 하게 되면서도 나비 독서의 효과로 좀 더 많은 정보와 독서의 세계를 즐길 줄 아는 사람이 되기를 바란다.

20) 프랜시스 베이컨 p. 187

# 공간空間의 주인

- 김용호 -

책의 세계가
일곱 번째 신대륙이라면

공간의 세계는
여덟 번째 신대륙이다.

책의 세계가
데카르트적인 신대륙이라면

공간의 세계는
피카소적인 신대륙이다.

책의 공간을 자유롭게

넘나드는 자


픽션과 공간의

주인이 되리라.

# 독서를 시작하며

*독서처럼 가장 싼 값으로, 가장 오랫동안 즐거움을 누릴 수 있는*
*것은 달리 또 없다.*

*- M. 몽테뉴 -*

독서는 각자의 차이가 심하기 때문에 딱히 어떤 방법이 좋다
고 가정하기가 매우 곤란하다.

초등학생부터 대학원생에 이르기까지 모든 학생들이 정독으
로만 독서를 해야 한다는 규정이 있다면 이는 옳지 않다.

정독이라는 방법은 책을 처음 대하는 학생에게나 옳은 방법
이겠지만 점점 학습의 양이 늘어나고 수많은 책을 짧은 시
간에 소화해야 하는 대학생, 대학원생들 혹은 전문인들에게
그 방법은 매우 원시적인 방법이 아닐 수 없다.

오늘날 시대는 초 스피드의 시간과 문화가 상생하는 시대가

되었다. 정보의 홍수 속에서 많은 일정을 처리해야 하고 그리고 빨리 하고 일을 많이 해야 살 수 있는 다문화 멀티 사회가 된 것이다.

하버드 대학 교수인 '하워드 가드너 *Howard Gardener*'는 인간에게는 7가지 지능 *Seven Kinds Intelligence* 이 있다고 발표하여 학계의 많은 관심을 끌었다.

첫째, 언어적 *Linguistic* 지능
　　단어와 문장의 의미, 역할, 소리, 리듬, 조화, 언어적 감각능력

둘째, 음악적 *Musical* 지능
　　소리, 변화, 리듬, 피치 등을 구현

셋째, 논리수학적 *Logical-mathematical* 지능
　　숫자, 과학적 능력, 객관적인 사고능력

넷째, 공간적 *Spatial* 지능
　　3차원적 물체 이해능력

다섯째, 신체적 *Bodily* 지능
　　균형감각과 빠른 운동능력


여섯째, 대인관계적 *Interpersonal* 지능
　　대인관계와 감정능력


일곱째, 내면적 *Intrapersonal* 지능
　　자기 자신의 감정과 생각을 정리하고, 명상하는 철학적 능력


이와 같은 하워드 가드너 교수의 "다중 지능 이론"은 멀티시대가 이미 왔음을 이야기하고 있다. 자연히 많은 정보를 소유하기 위해서는 많은 책을 읽고 처리해야 하는 다독多讀의 시대를 예언한 것이다.

많은 책을 읽다가 보면 독서의 속도도 빠르고 학습의 인지도가 다양하게 각인되어 문자를 해석하는 능력이 높아지게 마련이다. 그러므로 이러한 정점에 서 있는 사람은 책을 한 줄 혹은 두 줄씩 혹은 한 문장에서 한 장씩 그 글자의 이미지만을 가지고도 그 내용을 이해할 수 있게 된다.

그러므로 우리는 딱히 어떠한 지정된 독서 방법이 아닌 자기만의 독서 방법을 하게 되는데 그것이 바로 자기화의 스키마*Self Schema*이다.

그런데 어떤 사람은 이 스키마가 초등학생 시절의 수준으로 정지되어 있는 사람들이 있다.
그래서 초등학생 시절 배운 정독의 스타일을 그대로 유지하여 대학교, 대학원 혹은 전문직에서까지도 이 방법으로 독서를 하니까 독서량이 턱없이 부족하게 된다.

요즘처럼 빨라지는 세상에는 수많은 연구서와 신간들이 봇물을 이루어 쏟아지는 판에 한 주에 한두 권의 독서량으로는 새로워지는 현대의 정보에 뒤처지게 된다.
그런데도 정독만이 독서를 하는 것이라고 굳게 믿고 한 달에 3~4권의 독서량을 유지하는 사람은 그보다 더 많은 독서량을 가진 사람이나 회사나 단체에게 현대 사회의 경쟁에서 뒤처지는 것이 당연하다.

우리 한국 사회처럼 빠르고 풍부한 정보 사회에서는 수많은 책과 정보를 파악하고 메모하는 '나비 독서' 방법이 바람직하다고 생각한다.

기왕 독서의 방법을 선택한다면, 하루 2~3권의 독서와 한 달 60권~90권의 독서를 하여 매년 1,000권, 10년이면 1만 권의 독서 분량을 가질 수 있는 '나비 독서법'을 선택한다면 좋을 것이다.

만일 우리가 1만권의 독서 분량을 가지게 된다면 독일의 문호 '괴테'와의 지적 수준을 같이 할 수 있을 뿐 아니라, 지나간 3,000년의 역사와 다가오는 미래 사회의 문제에 대하여 미리 준비하는 실력 있는 사회와 사람이 될 것이다.

중국에 이런 말이 있다.

독서만권시통신 讀書萬卷示通神 이라,
'사람이 만권의 책을 읽으면 비로소 신과 통할 수 있는 사람'이라는 뜻이다.

우리 사회에서 달인이라는 전문직에 종사하는 사람들을 텔레비전을 통해서 종종 보게 된다. 그들의 숙달된 손과 발의 놀림이 가히 신의 경지에 이르는 것을 보면서 감탄을 하게 된다. 자신의 방법을 오랜 시간 숙달을 하면 그러한 달인의 경지에 이르게 된다.

우리가 독서에 대하여 자신의 방법을 가지고 숙달을 하게 되면 점점 속력을 올릴 수 있게 된다. 이렇게 속력을 올리게 되면 최고의 속력을 낼 수 있게 되고 그 상태를 유지하게 되면 달인의 경지에 오르게 된다.

이렇게 훈련과 연습을 통해서 자신을 알게 되고, 그리고 그 수준에서 점점 자신의 능력을 키워 극대화시킬 때 그 최고 정점의 값이 바로 나의 능력이다. 이렇게 자신의 능력을 알고 현실을 직시하게 되면, 과거와 미래를 예시하는 능력을 갖게 된다. 그러므로 자신의 독서 방법을 위하여 지금부터 독서의 능력을 키워야 한다.

지나간 영웅들은 이렇게 자신을 독서를 통해서 지적인 힘과 능력을 배양했으며, 그들만의 독서 방법인 '셀프 스키마'를 가지고 있었다.

데카르트는 이런 말을 했다.
"좋은 책을 읽는 것은, 과거의 가장 뛰어난 사람들과 대화하는 것과 같다."

역사 속의 지성인들, 진정한 영웅들의 이야기와 그들의 사상을 어떻게 알고 만날 수 있는가? 그것은 오직 독서를 통해서 가능하다.

대학이란? 지식만을 전달하는 것이 아니라 자신이 스스로 공부하는 방법을 배워 지식을 쌓게 하는 곳이다. 사람은 평생을 공부하는데, 대학 4년 동안 공부한 것을 가지고 평생을 산다는 것은 어리석은 생각일 것이다.

지금과 같은 정보화가 빠른 사회 속에서 존재하려면 스스로 공부하는 사회가 되어야 한다. 대학이 선도하는 사회가 아니라 도서관이 주도하는 사회 속에서 지식과 문화를 공유하고, 앞서 가는 사람이 되어야 한다.

앞으로 선진국의 사회는 어떤 유명한 대학이 있느냐가 아니라 어떠한 '선진화된 도서관'이 있느냐가 그 국가의 경쟁력이 될 것이다. 그래서 도서관도 책만 빌려 주고, 읽고 가는 공간의 제공만 하는 곳이 아니라 모든 시설이 대학과 견줄 수 있어야 한다.

'다중 지능*Multiple Intelligence*[21]을 갖춘 커뮤니케이션센터의 성향을 가진 도서관이 되어야 한다.

이러한 도서관을 활용하는 국민과 국가만이 선진국 대열에서 뒤처지지 않을 것이다.

그러므로 자신만의 독서 방법을 가져야 한다. 그것도 아주 바람직하며 유익하고 유능한 다량의 독서를 할 수 있는 스키마를 가진 사람만이 미래 사회의 리더가 될 것이라 믿는다.

---

21) 다중 지능 p. 187

# 속도의 비밀

*책은 지금도 기적을 행한다. 사람을 깨우친다.*

- 영국 속담 -

독서에 있어서 어떤 사람은 글을 빠르게 읽어도 내용을 이해할 수 있는 사람이 있는가 하면, 글을 빨리 읽어서는 도저히 이해할 수가 없는 사람이 있다.

글을 빨리 읽는 사람과 천천히 읽어야 하는 사람의 차이는 단지 빨리 읽는 훈련을 하지 않은 것뿐이다.

선천적으로 글을 빨리 읽을 수 있는 것이 아니다. 그것은 다 후천적인 훈련을 통해서 숙지된 결과물이다. 그러므로 글을 빨리 읽는 훈련을 하라. 그러면 글을 빨리 읽을 수 있는 능력이 생긴다.

우리가 천천히 책을 다 읽어도 그 책의 내용이 무슨 내용인지 전혀 알 수 없는 책이 있다.

이것은 그 책의 내용들이 생소한 내용들로서 알지 못하는 글이거나 배우지 못한 글의 내용으로 되어 있기 때문이다.
그렇기 때문에 이러한 내용과 글은 사전에 공부하고 깨달았을 때 그 내용과 이야기의 핵심을 알 수 있다. 그래서 독서는 많은 다독多讀을 통해서 다방면에 해박한 지식이 없으면 독서가 잘 안 된다. 알지 못하는 내용이나 단어를 해석하려고 골몰하면 그때부터 독서가 늦어지고 흥미를 잃어 곧 눈이 피곤해진다.

그러므로 독서를 할 때 알지 못하는 내용과 글이 나올 때는 과감히 넘어가야 하며, 때로는 읽고 있는 그 책도 포기하고 다른 책으로 바꾸어야 할 때도 있다.
만일 계속 알지 못하는 내용과 글이 나오면 이 책은 나의 수준에 맞지 않는 내용으로서 좀 더 쉬운 책을 골라야 한다.

또 독서를 할 때 속력을 내어 빨리 읽어도 그 내용들이 읽혀지고 소통이 되는 내용과 글들이 있다.

이것은 그 책의 내용과 나의 지적 수준이 같음으로써 통하는 것이기에 글들이 이해가 되고 재미있어지고 이해가 가면서 책이 손쉽게 독서가 되는 것은 나의 지적인 수준과 맞기 때문이다.

그래서 독서를 할 때에 빨리 읽는 습관을 들이기 위하여 잘 모르는 내용이 나오면 그냥 넘어가야 한다.
그렇게 계속 독서를 해서 한 권을 다 읽었는데 남는 것이 전혀 없고 도무지 무슨 내용인지 알 수가 없을 때에는 개의치 말고 그냥 넘어가야 한다.

꼭 읽어야 하고 알아야 하는 책이라면 다시 처음부터 또 읽고 다시 읽어야 한다. 이런 방법으로 계속 깨달아질 때까지 읽다가 보면 조금씩 조금씩 깨달아지는 것이다. 그리고 그러한 방법으로 독서를 계속해서 훈련을 하면 이러한 독서 방법으로 자연스럽게 자리를 잡게 된다.

이렇게 처음부터 빠른 방법으로 독서의 훈련을 길들이면 서서히 내용들이 눈에 들어오고 그리고 그 내용들이 깨달아지는데 그때가 비로소 나비 독서의 시작을 알리는 신호이다.

독서도 교재(전공분야)일 경우에는 천천히 읽으면서 내용을 공부하다가 점점 속력을 내기 시작하면 교재도 평소의 속도에 2배는 빨리 읽는 능률을 높일 수 있다.

일반 서적으로서 상식에 관한 책들의 경우는 나비 독서로 한 권당 20분~30분 이내로 핵심과 요점을 찾아서 메모하면 내용이 이해되고 눈에 들어온다.

이렇게 계속 속력을 내고 요약을 하면 그 책에서 말하고자 하는 저자의 심경을 이해할 수 있는 느낌이 온다.
속도의 능률을 더욱 올리려면 타임 워치[22]를 사서 시간을 잰다. 이렇게 매번 시간을 재는 훈련을 하고 비교를 하면 훨씬 더 빨리 책을 읽을 수 있게 된다.

책의 효율적인 능률은 독서의 시간을 빠르게 올려서 독서하는 것이다. 무엇이든지 빠른 속도 속에서 독서를 하는 환경을 만들고 그리고 그것을 항상 메모하는 습관을 들여서 읽는 것을 함께 하도록 습관을 들이면 이러한 독서가 자연히 몸에 배게 된다.

---

22) 타임 워치 p. 187

이렇게 자연스럽게 즐기면서 하는 독서가 바로 "나비 독서"이다.

애벌레 시절에는 오로지 뽕잎에만 의지하여 뽕잎을 먹었지만, 나비가 된 애벌레는 그 후로부터는 뽕잎이 아니라 꽃의 정수인 꿀을 먹고 사는 나비가 되듯이 독서도 처음에는 정독으로 한 자 한 자씩 글을 읽었지만, 나중에는 많은 독서를 통해서 한 줄 혹은 두 줄을 건너 뛰면서 읽어도 글의 내용을 충분히 이해하게 된다.

그때부터는 독서의 시간이 빨라지게 되고, 많은 독서를 하게 되는 자연스러운 독서가 된다.

# 뛰어남이란

책은 위대한 천재가 인류를 위하여 남긴 유산으로서 대대
로 전해지는 것이다.

– 조제프 에디슨 <sub>영국의 정치가</sub> –

아리스토텔레스 *Aristoteles* 는 뛰어남에 대하여 이런 말을 하
였다.
"우리가 반복적으로 행하는 것이 바로 우리 자신이 된다. 뛰
어남이란 행위가 아니라 하나의 습관이다."

사람의 뛰어남이란, 후천적後天的인 반복 훈련으로 그 분야
에서 뛰어나게 되는 것임을 말하고 있다.

물론, 선천적先天的으로 남보다 뛰어난 것도 분명히 있다.
그렇지만 후천적인 노력이 없이는 그것을 지속시키거나 발전
시킬 수 없는 것이다.

가장 안정적이고 가장 바람직한 뛰어남이란? 바로 자신이 노력하고 훈련을 통해서 후천적으로 이루어내는 것, 그것이 바로 바람직한 뛰어남이다.

아리스토텔레스의 말처럼, 뛰어남이란?
반복적인 훈련을 통해서 천재적인 기능을 소유하는 것, 그것이 곧 뛰어남의 시작이다.

후천적인 노력으로 자신을 훈련하여 빠른 속도로 글을 인식하고, 그 인식한 글을 메모함으로써 기억력을 지속시켜 지나간 역사를 인식하여 미래 사회에 대하여 창조적인 성향을 키워나가 대처하는 능력을 키우는 것이다.

# 레오나르도 다빈치의 명품비결

"행운이 올 때는 확실하게 그 앞머리를 움켜잡아라.
네게 다시 말하건대, 그 뒤통수에는 잡을 것이 없다."

— 레오나르도 다빈치 —

왕王 처럼 주문하고, 신神 처럼 창조하고, 노예처럼 일하라!!

— 미켈란젤로 —

르네상스 문예부흥운동의 주역이라면, 단연 레오나르도 다
빈치를 빼놓을 수가 없다.

그는 모든 학문을 고학으로 터득했으나 그를 가리켜 무식한
사람이라 부르는 사람은 없다. 레오나르도 다빈치는 화가요,
조각가이며, 과학자이다. 그리고 심오한 철학자였다.

그는 한 가지 버릇을 가지고 있었다. 그는 언제나 어떤 말
을 중얼거리면서 작업에 열중했다고 한다. 다름 아닌 '페르

케 Perche '라는 말을 속삭였는데, 페르케란 이탈리아어로
"왜?"라는 뜻이다.

레오나르도 다빈치는 끊임 없이 자신에게 물었다.
"왜, 왜, 왜?"

레오나르도 다빈치는 왜 끊임 없이 자신에게 물었을까?
그가 만든 조각이나, 그의 작품에는 끊임 없이 배우는 자의
자세가 스며 있고, 배어 있었다.
모든 사물에게 묻고, 자신에게조차 물었던 레오나르도 다빈
치는 그가 만든 모든 작품에 생명을 불어 넣었고, 그의 작품
은 명품으로 태어났다.

이렇게 해서 그가 만든 그의 작품은 거의가 오늘날에 와서
는 모두가 명작이요, 명화라는 수식어를 달고 있다.

레오나르도 다빈치의 페르케 Perche 의 정신!
이 시대도 역시 페르케의 정신이 필요하지 않을까.
몰라서 묻는 것이 아니라, 좀 더 나은 것, 좋은 것, 최상의
것이 무엇이냐는 그의 질문일 것이다.

# Ⅳ. 메모의 힘

독서는 해박한 사람을 만들고 대화는 민첩한 사람을 만들고, 메모는 정확한 사람을 만든다.

— F. 베이컨 —

이제 이 책의 핵심적인 3가지 힘 중에서 마지막 힘에 대한 이야기를 할 차례가 왔다.

독서에 있어 메모하는 것은, 독서만큼이나 중요한 요소 중의 하나이다. 그래서 저자는 "독서는 메모이다"라고 말하고 싶다. 메모 없는 독서는 뿌리 없는 나무와 같고, 뿌리 없는 꽃과 같다라고 말하고 싶다.

잎사귀는 푸르나, 곧 말라 죽은 나무와 같고, 꽃은 아름다우나 곧 시들어 죽어버릴 꽃의 결말을 보게 될 아름다움이기에, 메모 없는 독서가 뿌리 없는 나무와 뿌리 없는 꽃과 같다 할 수 있을 것이다. 그만큼 독서는 지지기반을 확고하게 다져지는 근거를 가지고 해야 시간이 지나도 그 지식을 산 지식으로 활용할 수 있기 때문이다.

메모하지 않고 남겨진 산 지식은 곧 시들고, 기억이 희미해져 불분명한 지식으로 잊혀지게 된다. 또한 우리의 두뇌는 항상 제한적인 기억의 한계에 시달리고 있다.

심지어 두뇌는 점점 감퇴되고 있기 때문에 이에 대한 특별한 대처 방법이 없이, 수천 년을 내려오는 노하우 *know-how* [23] 나 기술적인 방법이나 비밀은, 메모하여 보관하지 않으면 안 되게 되어 있다. 그러므로 독서에 있어서 메모란 매우 중요한 요소가 아닐 수 없다.

---

23) 노하우 p. 187

우리가 어렵게 독서하여 깨달은 진리나 학문을 얼마 후에 다 소실되어 기억이 나지 않는다면 아무리 수백 수천 권의 독서를 했다고 해서 유익한 것은 없다.

물론, 그렇게까지 기억력이 상실된다는 것은 아니지만 그러나 디테일detail한 부분이나 중요한 내용을 상세히 기억해 낼 수 없으므로 그것을 따로 보관해 놓는 것은 아주 좋은 대처 방법 중의 하나이다. 그러므로 독서할 때는 반드시 메모하면서 해야 정확하고 분명한 독서를 했다고 할 수 있다.
이렇게 보통 독서를 하면, 하루에 3권~6권 혹은 10권까지 나비 독서로 책을 읽고 메모할 수가 있게 된다.

물론, 처음에 이러한 훈련이 안 되었을 때는 한 권을 메모하는데 40분~1시간 이상이 걸렸고, 또 그것이 습관화 되고 훈련이 될 때까지는 내용조차도 요약이 안 되어서 이 책 저 책을 보다가 그만 포기하고 돌아온 적도 수없이 많았다.

아무것도 메모하지 못하고 서점에서 돌아올 때면 마음이 허전하고 머리는 아프고 힘이 들었다.
그럴 때마다 자신을 달래면서 격려하고 용기를 불어 넣었다.

'그래, 다시 시작하는 거야⋯⋯.'
'처음부터 잘 되는 게 어디 있니?'
'처음엔 다 그런 시행착오라는 게 있는 거야⋯⋯.'

이렇게 실패를 반복할 때마다 용기를 주고 마음을 다시 단단히 먹고 도전하고 또 도전했다.

서점 바닥에 앉아서 엉덩이가 얼얼할 정도로 시큰거리고 한참 앉아 있다가 보면 허리 디스크까지 뻐근할 때가 한두 번이 아니었다. 그럴 때일수록 준비를 단단히 해서 종이와 스폰지를 깔고 독서를 했다. 어째든 서점에서 독서하는 일이란 그리 쉽지 않다.
그래도 포기하지 않으면서 시행착오를 통해서 수정하고 반복하면서 계속 책의 핵심을 찾아 메모하였을 때, 어느 날부터인가 책의 내용들이 조금씩 조금씩 이해가 되기 시작했다.

그때 그 기쁨이란 이루 형용할 수 없을 만큼 감격적이고 기쁘기 한이 없었다. 책이 드디어 미소를 짓고 무엇인가 말을 하고 있다는 그 현상이 참으로 신기하고 너무 기뻤다.

연애를 하는 감정처럼 새로운 책을 만나고, 그리고 그 책이 저자의 해박하고 좋은 정보가 담긴 책을 만나면, 그 만남이 마치 사랑하는 여인을 만난 것처럼 기쁘고 가슴이 설레이는 그 감격은 이루 말할 수 없었다.

양서와의 만남, 그것은 하나의 카타르시스*catharsis*였다. 웃고, 울고, 감격하여 상상의 나래를 펴고 기쁨을 만끽하는 시간이었다. 마치 어린 아기가 무언가 말을 오물거리다가 마침내 '엄마, 아빠'를 처음 말할 때의 부모의 놀라움과 기쁨 같은 그런 숭고한 기쁨이 가슴 넘치도록 차오르는 감격을 경험하게 되었다고나 할까…….

시간이 흘러서 마침내 책에서 얻어지는 지식과 깨달음, 그리고 지나간 현인들과 철인들과 영웅들과 호걸들의 사상과 심정을 이해하게 되고, 느껴지는 순간 나는 울고 웃으며 그 자리에서 현실과 과거로 오고 가며 순간이동을 하고 있는 환타지*fantasy*를 경험하였다.

마치 롱펠로우*Henry Wadsworth Longfellow*[24]의 시 모래시계

---

24) 롱펠로우 p. 187

처럼 광야로 나아가고 전쟁터에서 함성을 듣고, 그들의 애환과 슬픔과 비극에 나의 육체는 감격과 슬픔과 두려움을 느껴 전율하는 것을 경험하였다.

그리고 지금도 그 메모장을 보면서 그 감격을 되돌아보기도 한다. 그 감격 그 기쁨도 메모가 없었다면 어떻게 이러한 글을 쓸 수 있겠는가?

이렇게 작은 노트에 메모를 해서 요약을 하여 보관된 것이 7년 동안 27권에 7천여 권의 책을 메모하여 기록하게 되었다. 또한 노트에 기록된 것을 온라인 블로그 blog 에도 5,000권의 책을 요약했다.
그래서 언제 어디서든지 필요할 때는 온라인에서 그 소재를 뽑아내어 재료로 사용하곤 한다.

# 책

김 용 호

그대는
인류의 화석 영웅들의 무덤

그대는 영웅들의
골수의 샘터

그대의 품에서 영웅의
눈빛은 살아나고

그대의 입에서 현인들의
지혜가 들려오네

그대의 이야기를 듣노라면
공간空間의 벽이 사라지며

회오리의 바람이 일다가
고요한 세계가 다가오고
갑자기 힘찬 말발굽 소리가 들리고
전쟁의 어지러운 소리가 들려오네

어느새 거친 사막에 있는가 하면
폭풍우 치는 바다 가운데 떠있네

그대의
이야기에 정신을 빼앗기면

세기世紀를
넘나드는 영웅이 된다네.

# 측정하는 힘

*두 번 읽을 가치가 없는 책은 한 번 읽을 가치도 없다.*

*– 베버 –*

"모든 길이는 재어야 한다. 만일 잴 수 없는 길이가 있다면 그것도 잴 수 있어야 한다."

갈릴레오 *Galileo Galilei* [25]의 이 말은 현대 근대사의 과학의 발전을 촉진시키는데 대단한 힘을 발휘하였다.

누가 달나라까지의 거리를 잴 수 있다고 생각을 할 수 있었을까? 이렇게 말을 한 사람이 있었기에, 달까지 거리를 재게 되었고 그래서 달나라의 거리가 나왔다.
그리고 지구에서 달까지 캡슐 *capsule* 깡통을 타고 갔다가 돌아 온 것이다.

---

25) 갈릴레오 p. 187

누군가가 잴 수 없는 거리도 재야한다고 말을 하고, 또 그것을 재야겠다고 생각을 한 이가 있으며, 그리고 그 거리를 가지고 달까지 가서 돌아오는 시간을 정확히 찾아냄으로써 우주의 시대를 열어 놓은 것이다.

우리가 하는 독서도 좀 더 정확하게 시간을 재고 메모를 하고 그리고 자신의 독서 능력을 정확히 측정을 한다면 우리는 독서의 무력감에서 벗어날 수 있다.

이러한 나비 독서 운동이 전국적으로 일어난다면 우리나라는 선진 대열에서 선도적인 위치에 있을 것은 확실한 것이다.

독서하는 국민은 어리석지 않으며 공부하는 정부는 결코 태만하지 않다. 태만한 정부와 관료들은 독서하지 않는다는 반증反證이다. 그러므로 국민의 의식을 지식강국으로 이끌어 가는 것은 이 시대의 매우 중요한 사명이다.

헨리 데이비드 소로우 Henry David Thoreau 는 말한다.
"지성은 칼이다. 모든 사물의 비밀과 이치를 가르고 헤치는 칼이다." 라고.

이제 대학이 선도하는 시대는 지나가고 있다. 새 시대, 새 천년의 밀레니엄 *Millennium* 시대가 이미 왔다.

세계의 대학 중에서 포스텍 포항공대 53위, 서울대 124위, 연·고대 226위, 중앙일보 2011년 10월 6일자 신문에 들어가는 한국의 대학은 이미 경쟁력을 잃어버린 것이다.

그러나 블루 오션 전략 *Blue Ocean strategy* [26]의 틈새시장으로 도서관을 지금부터 준비한다면 '세계 1위의 도서관 시대'는 그리 어렵지 않다. 그러므로 자신의 독서 능력을 측정하는 힘을 길러내어 무능력에서 빨리 벗어나야 한다.

개인이나 단체나 조직들도 자신의 노력으로 무지에서 벗어나야 한다.

1세기에 그리스인들과 로마인들은 '헬레니즘 *Hellenism* [27]'문화를 창조해냈다.

14세기에는 유럽피안들이 '르네상스 *Renaissance* [28]'를 주도하여 문화와 예술의 꽃을 피워 냈고, 18세기에 영국인들은 무

---

26) 블루 오션 전략 p. 187
27) 헬레니즘 p. 187
28) 르네상스 p. 188

역과 상업을 일으켜 '산업혁명'을 만들어 냈다.

프랑스인들은 봉건국가에서 민중국가로 만들어 '민주주의 &
자유의 헌장'을 만들어냈다.

미국인들은 '팍스 아메리카나'의 아메리칸 드림을 이루어 '군
사&경제대국'인 세계의 최강 국가로 만들었다.


그렇다면, 우리 대한민국은 '새 밀레니엄 환태평양 시대'를 맞
이하여 무엇을 해야 할까? 바로 '문화와 IT를 접목한 도서관
르네상스'를 일으켜야 한다.

일찍이 알렉산더 대왕[29]은 지구촌 네트워크를 형성하여 문화
의 연결 고리로 도서관을 세워 왔다.


이제까지 대학이 문화와 상아탑의 선도자로 자처하여 이끌
어 왔지만, 새 밀레니엄의 시대에는 상황이 달라졌다.

세계를 이끌고 가기에는 상아탑은 너무 낡고 고전적이다. 생
각지도 못한 100년 전의 문화는 빠르게 진전되어 우주의 시
대를 열었고, 민중의 다변화의 시대로 그야말로 새 문화와
초스피드의 인터넷 시대가 열렸다. 이제는 늙고 더딘 쭈그렁
영감탱이의 고전적인 서사시를 들을 사람은 아무도 없다.

---

29) 알렉산더 대왕, p. 188

지금은 우주적*universal*인 시대가 개막되어 탈 코스모폴리탄*cosmopolitan*의 시대가 활짝 열렸다.

민중의 자유가 민의를 가속화하여 이제는 초스피드의 문화와 비주얼의 영상이 선도하는 "자유의 대학"이 도래하고 있다. 더 이상 상아탑이 나이 제한과 시간 제한에 묶어둘 수 없음을 알아야 한다.

이제는 '도서관 시대'이다. 24시간 온·오프라인을 풀 가동하는 대학을 능가하는 "멀티 도서관" 시대이다.

누구나 들어올 수 있고, 누구나 공부할 수 있는 규제 없는 대학, 제한 없는 학문, 심사 없는 논문의 시대가 열리는 "자율 온·오프 대학 도서관 24시" 시대가 온 것이다.

기원전 300년에 알렉산더 대왕이 세운 알렉산드리아에 도서관은 이제 새 밀레니엄의 시대를 맞이하여, "모든 민중이 모든 학문을" 연구하여 백가쟁명百家爭鳴하는 대학도서관의 학생이 나와서, 새로운 시대의 주인공으로 환골탈태한, 새 인류의 탄생을 학수고대鶴首苦待하고 있음을 알아야 한다.

이러한 "대학 도서관"이 바로 다가오는 새 밀레니엄 시대를 선도하는 국가가 될 것이다. 그리고 대학 도서관에서 만일, "나비 독서"로, 매년 1,000권씩 독서하는 민중이 일어난다면, 세계를 선도하고, 주도하는 G1의 국가가 될 것이다.

만일, "자율 온·오프 시민대학 24시 도서관"이 대한민국에 각 도시마다 세워진다면, 오늘과 같은 연약한 대학문화는 사라지고, 주입식 공부가 사라지게 될 것이다.

반면에 신 인류가 탄생되어 세계를 아우르고 주도할 새로운 브레인Brain 국가가 될 것임을 확신한다.
반드시 그렇게 되리라고 믿는다. 대한민국의 지성은 이러한 주도적인 도서관을 세우는데 발빠르게 움직여야 한다.

그렇지 않으면 호전적인 주변의 국가들이 풍부한 인력과 재력을 갖추고 있어서 언제든지 시작하는 것은 문제가 되지 않기 때문이다. 다만, 이러한 정보와 기획이 없어서 다른데 눈을 돌리고 있을 뿐이기 때문이다.
저자는 이런 도서관이 대한민국에 곧 세워지기를 기대하며 이러한 도서관을 세울 계획을 가지고 "나비 독서" 운동을 시작하고 있다.

생각하여 보라, 만일 24시 항상 문이 열려 있는 초대형 멀티 도서관, 수천만 권의 장서와 편의 시설을 갖추어 놓고 각종 세미나를 개최하는 문화적이면서 학문적인 장소가 있다면 시민들의 반응은 어떠하겠는가?

나이 불문의 최고 지성들의 세미나와 풍부한 장서로 가장 저렴하게 편의 시설을 제공한다면 그 도시의 시민들은 한가하게 복지관에서 수영하며 허약한 비전문 강좌에 시간을 소일하지 않을 것이다.
좀 더 전문적이고, 체계적인 아카데미아에서 세계적인 석학들의 강연과 책을 가지고 자신의 지성을 쌓기 위해 시민들은 불야성을 이루고 학문과 문화를 연마할 것이다.

젊은이들은 학문을 자율적으로 연마하여 세계의 시장과 회사에 뛰어들어 그야말로 유능한 인재와 지도자들을 배출하는 고대 그리스의 아테네에 세워졌던 아카데미아의 신드롬을 일으킬 것이 자명하지 않겠는가?

영국에는 대영박물관, 피렌체에는 우피치 미술관이 있고, 프랑스에는 루브르 박물관, 이태리에는 베드로 성당이 있고 호

주에는 오페라하우스가 있다.

그렇다면 대한민국의 서울에는 무엇이 있는가? 세계인들에게 보여줄 만한 역사적인 인프라를 보여줄 만한 것이 없다. 당연히 대한민국의 수도, 서울에는 '세계적인 자율대학 24시 도서관'이 있어야 한다.

저자는 이 도서관의 이름을 "에브리데이 크리스마스 도서관 24시"라 명명하여 세계의 지성인들이 찾는 세계적인 도서관을 세우고자 한다. 만일 세계인들에게 보여줄 것이 없다면 만들어야 하지 않겠는가?

지성인들을 위한 위대한 요람이며, 학술세미나와 아카데미가 연중무휴로 열리는 다중 지능시스템*Multiple Intelligence System*이 겸비된 세계적인 도서관이 우리의 대한민국 수도 서울에 자리매김을 해야 한다고 생각한다.

# 메모는 기억보다 강하다

*말은 사라지고 책은 남는다.*

– 프랑스 속담 –

얼마 전 '메모의 기술' 이라는 책에서 저자인 사카토 겐지[30]
는 "메모는 기억보다 강하다"라고 하였다.
그 말은 사실이다.

분명 우리는 기억이 오래가지 못하다는 것을 안다.

사람들이 사회 생활에서 불화를 빚고 싸움을 하고 마침내는
법정까지 가서 원수지간이 되는 것은 분명한 계약관계를 맺
지 않고 말로만 시작해서 된 것이 많다.

그래서 분명한 계약이나 메모를 해두지 않으면 사람의 기억

---

30) 사카토 겐지 p. 188

은 변질되거나 자신의 위주로 생각하는 습성으로 인하여 착
각을 하거나 잘못 판단하여 불행으로 이어지는 것 또한 분명
한 기록이 없어서이다.

그러므로 분명, 우리는 기록이 얼마나 중요한가를 새삼 실감
할 때가 종종 있다. 만일 독서를 일기처럼 메모한다면 얼마
나 유익할까.

책의 내용을 깨달아 생각이 변화되는 과정을 보면서 자신이
지적知的으로 성장하는 모습을 지켜본다는 게 얼마나 신기
하고 대단한 일이겠는가!

'독서는 메모이다.' 나는 이렇게 또 강조하고 싶다.

어떻게 독서가 메모이냐고 의아해 하는 사람도 있을 것이다.
그러나 메모처럼 중요한 행위가 없다. '메모의 기술'이란 책
에서 사카토 겐지는 "메모하는 손은 밖으로 나온 우뇌이다."
고 말을 하는 것을 보면 얼마나 중요한 지를 안다.

독서를 통하여 메모를 하는 것은 그만큼 지적 재산을 잘 보
관하는 행위이다. 자신이 독서를 한 내용들을 잘 보관하면
그만큼 여러 가지로 생활에 유익한 부분이 많아진다.

강연을 할 때나 책을 쓸 때나 혹은 자료가 필요할 때 이것처럼 확증되고 확실한 정보가 또 어디 있겠는가?

메모는 여행할 때에도 요긴한 도서 목록인 동시에 움직이는 도서관이다. 그래서 다시 독서를 반복함으로써 그 동안에 알았던 지식을 한층 더 확인하는 계기가 되고, 재충전하는 계기가 되기 때문이다.

# V. 부족한 2%

*우리들은 가치 없는 책을 읽는 데에 시간을 낭비해서는
안 된다.*

*— J. 러스킨 —*

애벌레는 푸른 잎사귀를 먹으며 질質보다는 양量을 더 선호
하는 습성을 가진 벌레이다. 그러나 애벌레가 나비로 변신을
한 다음에는 잎사귀量가 아니라 고단백의 비타민인 꿀質을
먹는 존재로 변화하는 것이다. 그렇기 때문에 나비는 양量보
다는 질質을 더 우선시하는 존재이다.

이제 일반적인 독서를 하는 사람을 애벌레로 비유한다면, 나비 독서법으로 독서하는 사람이야 말로 진정한 나비라고 말할 수 있겠다.

그래서 일반적인 독서는 질質보다는 양量을 따지고, 많은 양을 채워야만 먹은 것 같고, 또 그렇게 먹어야만 직성이 풀리고 마음이 안정을 느낀다.

그러나 나비 독서를 하는 사람은 양보다는 질을 우선시함으로써 많이 먹으려고 하지 않아도 질적으로 아주 우수한 고단백 꿀을 핵심내용을 먹는 것이다. 여기에 '부족한 2%'라는 말은, 고단백 즉 로얄젤리 *royal jelly* 를 가리키는 말로서 사용하는 것이다.

그런데 사람들은 아직도 애벌레의 습성이 잔재하여 무엇을 많이 먹고 많이 가져야만 안정이 되는 본성이 있다. 그러나 "나비 독서"를 하다가 보면, 부족한 2%의 가치를 깨닫게 되고 그리고 그 가치를 알게 된다.

세계에서 디아스포라 *Diaspora* [31]의 생활을 유난히 많이 겪은

---

31) 디아스포라 p. 188

민족이 있다면, 그들은 바로 유대인들이다.

이들의 문화와 생활은 타민족과 특이하고 또 다른 민족과 섞이지 않기에 다른 민족들의 시기의 대상이 되다 못해 두려움의 대상이 되고 있다. 이들은 경제와 예술 그리고 정치적인 분야에 중요 요직을 수행함으로써 타민족보다 탁월함을 가지고 있다.

그래서 유대인들은 세계 민족들로부터 튀어나온 못이였으며, 그래서 항상 핍박의 대상이며, 시기의 대상이었다. 역사적으로 유대인들은 이유 없이 핍박을 받고 내쫓겨 세계에 유랑하는 민족이 되어 무려 2,000년 이상 나라 없이 흩어져 사는 디아스포라*Diaspora*가 되었던 나라였다.

그런 이유로 유대인들은 항상 떠돌이로 살면서 쫓겨날 준비와 도망할 준비를 언제나 철저히 하도록 선친으로부터 교육을 받고 살았다.

이러한 습성을 수백 년, 수천 년 갖다 보니 유대인들은 가장 값진 물건이 무엇인지를 잘 아는 민족이 되었다.
유대인들이 값진 물건 중에서도 가장 우선시 하는 것 두 가

지가 있는데,

첫째는, 자녀의 교육이며

둘째는, 가장 좋은 다이아몬드이다.

유대인들이야말로, 사람 다음에 가장 중요한 보물은 다이아
몬드임을 경험으로도 너무나 잘 알고 있는 민족이다.

독서를 하는 사람에게 부족한 2%의 값진 것이 있다면 무엇
일까? 다이아몬드처럼 분명하고 확실히 값진 물건 2%, 그것
이 무엇일까?

유대인들에게 가장 값진 것이 자녀 교육과 다이아몬드였다
면, 독서가에게는 책과 나비 독서법이 다이아몬드라고 할 수
있다.

오늘 우리가 독서를 하는데 가장 장애를 느끼는 것이 있다
면 그것은 무엇인가?

그것은 책에 대한 '무리한 욕심'과 '무심한 마음'이다.

우리는 책을 읽을 때 그 책을 전부 이해할 수 있다는 무리한
'욕심'과 무심코 아무런 계획이나 생각 없이 보는 '무심한 마

음'이 있다. 이 두 가지를 가지고 독서에 임하는 과오를 자신
도 모르게 범하고 있다.

이러한 결과가 무심한 결과를 초래하게 되는데 그것이 바로
'실패본능'이라는 패배의식이다.

무심하게 책을 읽다가 이해가 안 되고, 지루하면 쉽게 포기
하는 실패를 자연스럽게 반복적으로 하게 된다. 또 책을 읽
다가 역시 재미 없고 별반 의미가 없다고 생각되면 역시 무
심히 책을 내려 놓음으로써 실패의 경력을 자연스럽게 연습
을 하게 된다.

이러한 행위가 당연한 행위인 줄 아는데 그렇지 않다.

이 행위는 아주 쉽게 독서에 대한 백기를 듦으로 인하여 독
서의 열의를 실추시키고, 패배감을 축적시킴으로써 책에 대
한 열의를 상실케 하는 전력을 손실하게 된다. 이렇게 실패
의 생활을 습관적으로 받아들여 인생 전반을 목적과 열의가
없는 사람으로 서서히 굳어 버리게 된다.

그러다가 보면 자연히 독서와 책에 대한 화제가 나오면 아무
것도 내세울 게 없는 상황에서 자신도 모르게 '책만 보면 무

심한 사람'임을 자처함으로써 자신의 입으로 스스로 낙인을 찍어버리게 되어 책과 독서와는 단절을 선언하게 되는 결과를 초래하게 된다.

이러한 영향이 가정과 사회생활, 단체에서 습관적으로 행함으로 인하여 가정과 자녀, 그리고 친구와 동료에게 자신도 모르는 사이에 무력한 사람으로 전락하고 만다.

독서에 대한 열의를 언제 가져 본 일이 있었던가?
또한 독서로 인하여 행복한 감정과 열정을 느껴본 일이 있던가? 없었다.

이러한 열정과 목표의 상실로 인한 무력한 바이러스가 내 몸 안에 내재하고 있어 하늘이 기회를 준다 하더라도 자신도 주춤하며 포기하는 무능력한 사람이 된다.

이러한 원인은 어디에 있었는가? 그 원인의 시작은 바로 '무리한 욕심'과 '무심한 마음' 때문이며, 습관처럼 해온 실패본능 에서 나온 것이다.
그러면 이러한 '무심'의 증후군을 어떻게 몰아낼 수 있는가?

이러한 무심의 증후군은 아주 작은 '실패 본능'에서 온 것으로 다시 '성공 본능'으로 복귀하여 '자신감'과 '용기'를 얻는 것이 대단히 중요하다.

그 회복을 위한 복귀운동이 바로 2%의 목표를 설정하여 세우는 것이다. 작지만 단단한 목표, 즉 2% 정도만 이해해도 만족한다는 작은 목표를 가지고 성공적인 독서 생활에 적용을 하는 것이 나비 독서이다.

그래서 무작정 읽다가 쉽게 포기하는 것이 아니라 우선 2%의 핵심 내용을 목표한 후에 책을 읽는 것이다.

이렇게 목적성 있게 독서를 하기 시작하면 재미가 없고 흥미가 없는 책이라 할 지라도 독서를 할 수 있게 된다.
어떤 책이든 2%의 내용은 내게 필요한 것이 있기 마련이다.
또한 그 메모한 독서의 내용이 후에 중요한 자료가 된다.

거기다가 책에 고유 번호를 붙이면 그 동안의 나의 독서량률을 수시로 알게 되어, 보람도 느끼고 현실에 필요한 산 지식으로서 유용할 뿐 아니라 시간도 절약하게 되어 책을 사량할 수 있게 된다.

책이라는 것은 누가 뭐라고 해도 그 책의 저자만큼은 잘 알수가 없다. 그렇기 때문에 책을 읽을 때는 먼저 그 책의 핵심, 즉 전체 내용 2% 정도의 엑기스 같은 내용을 먼저 이해하는데 주력을 하고 '무리한 욕심'과 '무심한 마음'을 갖지 않도록 한다.

책의 내용 2% 정도의 지식, 즉 그것이 핵심 내용이라면 그것으로 만족을 하고 먼저 그것을 메모하는데 주력해야 한다.

책의 내용이 이해가 안 되고 전체적인 내용에 대하여 막연하게 느껴지게 되면, 시간을 소비하지 말고 빨리 그 2%의 내용, 핵심을 파악하여 메모하는데 시간과 에너지를 사용한다.

만일 그 내용이 이해가 된다면 다 읽어도 무방하지만, 그렇지 않는 책들은 나의 수준과 저자의 수준이 맞지 않아서 소통이 안 되는 것이기 때문에 더 이상 붙들고 있는 것은 시간만 낭비하는 것이다. 이럴 때는 핵심의 내용을 파악하여 2%의 적은 내용이라 할 지라도 과욕을 부리지 말고 거기에 만족해야 한다. 그리고 그 시간에 다른 책을 독서함으로써 더 많은 부분을 다른 책에서 채우도록 한다.

2%의 목표, 이것이 '나비 독서의 기본 자세'이다.

어떻게 책의 2%의 내용을 가지고 독서를 할 수 있다고 말할 수 있겠냐고 생각하겠지만,

그 2%가 주는 자신감과 지식은 점차 독서의 시간을 절약하여 주고, 그 지식이 농축되면서 많은 독서량을 가질 수 있는 '자신감'과 '용기'를 가지게 한다.

에세이

# 최고의 도둑이 되는 길

*밭이 있어도 갈지 않으면 창고가 비고, 책이 있어도 읽지
않으면 자손이 어리석어진다.*

- 백거이 白居易, '권학문 勸學文' -

조선 시대 말 유명한 도둑이 살고 있었다.

소리 소문 없이 도둑질을 잘 하는 도둑이 자식을 낳고 부유
하게 살았다. 자식들이 커가면서 특별하게 할 일 없는 아버
지를 유심히 살펴보던 큰 아들은 아버지의 직업이 궁금해지
기 시작했다. 어느날 소리 없이 밤에 나가시는 아버지의 뒤
를 밟은 큰 아들이 마침내 아버지의 직업을 알게 되었다.

며칠이 지나고 큰 아들 녀석이 아버지 방으로 찾아 왔다.

"아버지, 이제 아버지도 늙고 힘들어 하시니 제가 아버지의 업을 이어 받겠습니다. 제게 그 비법을 가르쳐 주십시오."

이 소리에 아버지는 놀라지도 않고 당연하다는 듯이 순순히 말하는 것이었다.

"그래, 그럼 내일 밤 나를 따라 함께 가자."
"……."

이렇게 대화가 끝난 후 서로 말없이 헤어지고 큰 아들은 다음날이 오기를 비장한 각오를 하며 기다리고 있었다.

마침내 그 날이 오고, 어슴프레한 밤 시각에 아버지가 앞서서 밖을 나갔다. 워낙 말이 없는 아버지인지라 아무 말도 없이 큰 아들은 단단히 신을 조여 매고 아버지의 뒤를 따라 나서게 되었다. 얼마쯤 마을로 내려가자 제법 큰 마을이 나타나고 그 마을에 제일 잘 사는 대궐 같은 집 뒤 모퉁이를 돌아 적당한 곳에 다다르자 아버지 도둑은 드디어 민첩하게 그 집 담을 타고 넘어 들어갔다.

아들 도둑도 제법 아버지처럼 민첩하게 움직여 따라 들어갔다. 아버지는 그 대궐집 대청마루에 들어서서 아들에게 빨리 들어오라고 손짓을 하였다. 그리고 대청마루에 놓인 커다란 쌀을 넣는 뒤주를 열더니 그 아래로 들어가라고 손짓을 하는 것이다. 영문도 모르고 따라 들어온 아들은 들어가라는 아버지의 손짓에 아무런 의심 없이 그 쌀 넣는 뒤주로 들어갔다.

그러자 아버지는 그 통의 열쇠를 밖에서 잠그고는 집안 떠나가라고 큰 소리를 질러댔다.
"도둑이야~ 도둑이야~!!"

이렇게 소리 질러 집안 사람들을 온통 깨워 놓고 아버지는 줄행랑을 치고 말았다.

쌀 뒤주 안에서 이 상황을 눈치챈 큰 아들 녀석은 이젠 꼼짝없이 붙잡히게 될 처지에 놓인 것을 깨달았다. 그러나 이젠 도망하기엔 너무나 늦은 것이다.

정말 이상한 아버지이다. 자기 아들을 꼼짝없이 붙잡히게 만들고 도망을 치는 아버지를 이해할 수 없었지만 그렇다고 이렇게 앉아서 붙잡힐 수만은 없었기에 아들은 전전긍긍 하면서 빨리 도망갈 일을 생각하지 않을 수 없었다.

밖에서는 도둑이 들어 왔다고 난리를 치며 어수선한 분위기도 잠시 후 진정되면서 사람들은 잠잠해지기 시작했다. 그때 도둑 아들은 한 가지 꾀를 생각해냈다. 도둑 아들은 쌀 뒤주를 손톱으로 끄적거리며 쥐 소리를 내었다.

"찍 찌~익, 찌~찌익~!"

그러자 대감 어르신의 목소리가 들려 왔다.

"애야, 아가야, 뒤주에 쥐가 한 마리 들어왔나 보다. 얼른 밖으로 내보내지 않고 뭐하느냐~!"

그리고 대감은 안방으로 들어가고 그 집 새 며늘아기는 촛불을 들고 뒤주 자물쇠를 열고 문을 여는 순간 아들 도둑은 펄쩍 뛰어 오르면서 며느리의 촛불을 순식간에 불어 끄고는 줄행랑을 놓았다.

며느리는 뒤로 벌렁 자빠지면서 고함을 질렀다.

"아이쿠머니나!! 이게 뭐야, 도둑, 도둑이야~!! 도둑이야!!"

그러자 잠잠했던 집안이 또 다시 시끄러워지기 시작했다.
하인들은 밖으로 뛰쳐나와 도둑의 뒤를 따라 서넛이 쫓아가
며 소리 소리를 질러댔다.

"게 섰거라 이노옴~!! 거기 서 이놈아!!"

도둑 아들은 아비를 닮아선지 얼마나 줄행랑을 잘 치는지
금새 동네 어귀를 돌아 우물가에 다다르자 한 가지 꾀가 떠
올랐다. 아들 도둑은 주위에 있는 커다란 돌을 들어 우물에
던져 넣고 모퉁이를 돌아 집으로 줄행랑을 쳤다.

뒤따라온 하인들은 우물 속에서 첨벙하는 소리를 듣고 우물
을 에워쌌다.
겨우 하인들을 따돌린 아들 도둑은 한숨을 돌리며 마음이
진정되자 그제서야 아버지가 자기에게 한 일이 생각이 났다.

아들 도둑은 화가 머리까지 치밀어 씩씩대며 아버지의 방문을 열어 젖히니 아버지는 그전처럼 아무런 일이 없었다는 표정으로 무심히 쳐다보고 있는 게 아닌가!

이것을 본 아들 도둑은 더욱이 화나서 씩씩대며 방바닥에 풀썩 주저앉았다. 그제서야 아버지 도둑은 옅은 미소를 띠면서 일어나 앉으며 한 마디 하는 것이다.

"도둑질은 손으로 하는 게 아니라 머리로 하는 게란다……."
"……."

도둑 아버지의 아들 교육이 대단하지 않는가?
비록 도둑질이지만, '도둑질도 손발이 맞아야지' 하는 말도 이제는 옛 말이다.

"도둑질은 머리로 하는 것이다."
어쩌면 이 시대에 꼭 맞는 말이 아닐 수 없다.

아니 독서도 머리를 쓰면서 해야 한다. 이렇게 하면 좋다고 하니 이렇게 하고 저렇게 하면 좋다고 하니 저렇게 따라서는 안 된다.
좋은 모방은 어느 정도로 도움이 되지만, 어느 시점에서는
제 것이 나와야 한다.

제 것이란, 머리를 쓰면서 나오는 것이 바로 제 것이다.
속담에 '제 눈에 안경'이라는 말도 있지 않는가?

도둑질도 생각하면서 스스로 배워서 해야 제일 가는 도둑이
되듯이 독서도 제 스스로 경험하면서 생각하는 독서를 해야
자기 몸에 맞는 독서가 된다.

# 욕심이 잉태한즉 죄를 낳고

신약성서 야고보서 1:15에 이러한 말씀이 있다.
"욕심이 잉태한즉 죄를 낳고, 죄가 장성한즉 사망을 낳느니라"

욕심이라는 말은 큰 욕심도 욕심이지만, 여기서는 아주 작은 욕심을 말한다. 죄라는 것은 이 작은 욕심에서 시작되는 것이고, 작은 욕심을 절제하지 못하게 되면 마침내 큰 죄로 이어져 사망을 하게 된다는 말이다.

물론, 독서는 욕심이 없이 시작할 수는 없다. 그러나 독서에도 원리와 방법이 있다. 이러한 원리와 방법을 무시하고 아무렇게나 읽고 이해가 안 되면 내려놓고 그러다가 포기를 한다. 이렇게 독서를 쉽게 포기하는 습관이 몸에 배이면 책과

거리가 멀어지게 된다.

먼저, 욕심을 버려라. 어떤 욕심이냐, 독서를 시작할 때 전체를 읽고 다 이해를 할 것이라는 '무리한 욕심' 말이다.
다는 이해하지는 못한다 하더라도 최소한 그 책의 내용 중에 약 2%만 이해를 한다 하더라도 다행이라는 소박한 목적을 가지는 것이다.

하버드 대학교의 어느 교수는 '독서의 이해'에 대해서 말하기를 어떠한 책이라도 그 책의 내용이 100%라고 가정한다면, 약 9~11%만이 독자가 읽을 수 있는 내용이라는 발표를 한 적이 있다. 다시 말해서 300페이지의 내용이 있다면 그 중에 독자가 알아야 할 내용이라는 것은 불과 3페이지 정도라는 것이다.

더욱이 그 내용 중에 핵심에 해당하는 이야기는 불과 20줄~1장 정도라는 말이고 또 핵심적인 내용은 한 페이지도 안 되는 불과 몇 줄에 해당하는 내용이라는 말이다.

내용을 부풀리고 쓸모 없는 이야기들을 길게 하면서 결국은 내용도 없는 글들을 그럴듯한 제목으로 현혹하여 장사를 하는 게 현실이다. 내용이 빈약한 책일수록 외장에 신경을 쓰고, 그럴듯한 제목으로 책장에 꽂아 둘 장식용 책으로 전락시킨다.

그러므로 독자들은 화려한 책과 그럴듯한 제목에 이끌리지 말고 실제로 그러한 제목과 내용이 잘 부합되고 합리적이며 사실적인가를 분별해야 하겠다.

무엇이든지 독서를 할 때는 욕심을 내지 말고 내용 중에 2% 수준에서 글을 읽다가 보면, 오히려 이외로 많은 깨달음과 감명을 주는 소박한 내용들을 많이 만나기도 한다. 사실 2% 정도의 내용을 기대한다면 그 자리에서 메모할 정도의 분량의 글이다.

그렇다면 잠시라도 그 책의 내용을 파악하여 메모하다 보면 과연 이 책이 나에게 맞는 책인지 아닌지를 알 수 있다. 다시 말해서 이 책이 나에게 맞는 책인지 아닌지 파악할 수 있다는 말이다.

책을 사랑하는 진정한 독서가는 좋은 책을 보면 절대 그냥 지나칠 수 없다는 것은 누구나 잘 안다. 그러나 문제는 그렇지 않는 것이 책이다. 제목과 외양으로 그럴듯하게 꾸며 놓는 것이 문제이고, 또 막상 그 책을 사서 내용을 보면, 지루하고 아무 감명도 유익도 없이 원리만 장황하게 늘어놓아 더욱 난해하게 만드는 경우가 있다.

프랑스의 계몽주의 작가 볼테르는 말하기를, "책의 절반은 독자의 몫이다"라고 하였다. 그렇다. 책이 저질로 전락하는 것의 책임의 절반은 독자의 책임이라는 말은 맞는 말이다.

그러므로 독서의 욕심을 갖지 말고, 책을 대할 때는 소박하게 2%만 얻자고 기대하면 책에 대한 부담감을 덜 수 있는 것이다. 욕심을 가지면 실망이 찾아온다. 그 실망은 책을 아예 포기하게 만드는 주범이다.

독서를 할 때는 무심코 읽지 말고 분명한 목적을 가지고 목표를 세우면 이외로 많은 독서를 하게 된다.

지극히 적은 욕심, 즉 아무 생각도 없이 누가 좋다니까 보는 그러한 목적도 없는 무리한 독서도 사실은 자신에게는 유해 有害한 독서이다.

독서는 분명한 목적을 가지고 임하면, 독서는 우리의 삶을 진지한 기쁨으로 인도한다. 독서의 목적이란, 1년 계획을 세우고, 월 계획과 주 계획을 세우면, 일일 독서 목표량을 디테일하게 세울 수 있음을 말하는 것이다.

그리고 '나비 독서'로 책을 메모하다 보면 1년에 1,000권의 책을 메모하게 된다.

1년에 1,000권의 책을 독서하는 것은 평범한 사람이 매달 4권씩 1년에 48권, 10년에 480권, 20년에 960권의 책을 독서하는 양으로, 무려 20년을 앞서 가는 독서량이다.

# 목어木魚 이야기

*무엇이든 할 수 있다면, 아니, 할 수 있다는 꿈을 갖고 있*
*다면, 그것으로 시작하라. 대담하다는 것, 그 자체가 천재*
*성이고 힘이며, 마력이다.*

*– 괴테 –*


어느 날 물고기가 스님을 찾아왔다.
"스님, 저 부처님께 제 몸을 봉양하고자 왔습니다."

그러자 스님은 버럭 화를 내면서 이렇게 야단을 쳤다.
"이놈아, 네 몸에서 비린내를 풍기면서 무슨 봉양이냐, 썩 물
러가거라!"

이렇게 쫓겨난 물고기는 냇가로 내려가서 자신의 몸을 깨끗

이 닦고 다시 스님을 찾아 왔다.

"스님, 이제 제 몸의 비린내를 말끔히 씻었습니다. 제발 저를 거두어 주셔요. 가진 것이라고는 이 몸밖에 없어 이 몸이라도 부처님께 봉양을 드리려고 합니다요."

그러자 스님은 또 야단을 쳤다.

"이놈아, 몸의 비린내라는 것은 네 몸 속의 창자에서 나는 것이어늘, 몇 개의 비늘을 닦았다고 해서 냄새가 없어지는 것이 아니니라."

이번에도 쫓겨난 물고기는 오기가 났다. 그래서 이제는 자신의 배를 가르고 창자를 모두 끄집어 냈다. 그리고 다시 스님을 찾아갔다.

"스님, 이제는 저를 받아 주셔요, 이제 저는 창자와 내장까지 모두 끄집어 냈습니다요. 이제 저를 받아주시지 않으시면 저는 여기서 콱 죽어버리겠습니다요."

그러자 이번에는 스님은 더 크게 호통을 쳤다.

"이놈아, 네 몸을 자해하는 것도 모자라서 이제는 자살을 하겠다고 부처님께 협박까지 하느냐? 이 놈……"

그래서 스님은 이 물고기를 목어 木魚 로 받아들이고, 매일 새
벽마다 목어의 배 속을 방망이로 두들겨서 못난 중생들의
생각을 깨우치려 하였다 한다.

지금도, 불교에서 목어 木魚 는 새벽종을 알리는 종 鐘 으로서
사용되고 있다.

# Ⅵ. 나의 독서 기행문

책은 한 번 읽으면 그 구실을 다하는 것이 아니다. 재독하고 애독하며, 다시 손에서 떼어 놓을 수 없을 정도의 애착을 느끼는 데서 책의 그지없는 가치를 발견할 수 있을 것이다.

― J. 러스킨 ―

이제 부끄럽지만 나의 독서에 대한 이야기를 하고자 한다. 그러니까 벌써 29년 전의 이야기이다.

청년 시절 한 때에 나는 성경에 대한 딜레마에 빠져 많은 고민을 한 적이 있었다.

다름이 아니라, 성경은 읽으면 읽을수록 내용이 방대하여 처음부터 끝까지 다 읽으면 뒤에 것은 전혀 생각이 나지 않고 이해가 되지 않는 것이다.

그런데 대학 시절, 축제가 있었고 그 때 강사 한 분이 성경 속독이라는 주제로 강의하는 세미나가 있었다.

그때 충격을 받은 것은, 성경 66권 1,189장을 10분에 본다면서 그 시범을 보이는데 내가 아무리 눈을 씻고 봐도 그것은 성경을 읽는다는 수준이 아니고 그냥 아무 생각도 없이 책장을 넘기는 수준이었다. 그런데도 이 강사는 지금 성경을 정독하는 것처럼 읽고 있다 하였다.

그 후로 성경을 많이 읽기 위한 열정에 사로잡혀 그 강사가 운영하는 새벽반 속독반에 들어가서 열심히 훈련을 받게 된 것이 일반 독서를 하게 된 동기였다.

그 강사는 말하기를 성경을 3,000독 이상 했으며, 지금은 일반 책도 30분이면 다 읽기 때문에 일반 서점들이 자신의 서재라면서 내심 자랑하는 것을 보고 얼마나 부러워했는지 모른다.

그러나 정작 내가 가지고 있는 책들은 장식을 위한 책들로서 또 읽어도 알 수 없었다. 책은 많아도 그 내용을 알 수가 없으니 공허한 것은 말할 것도 없다. 그러니 성경 66권을 10분에 읽는 비법을 알려 준다 하니 이 얼마나 반가운 소식이 아니었으랴.

본론을 말한다면, 속독학원에서는 눈 운동, 즉 눈알 굴리기 운동을 시작해서 어느 한 점을 집중적으로 쳐다보면서 집중력을 키우는 훈련을 하고 그리고 성경을 열심히 10분에 넘기는 훈련을 하였다. 이렇게 열심히 성경과 씨름하면서 700독 하였으나 성경은 눈에 들어오지 않았다. 오히려 마음은 급해지고 피폐해져 마침내 30분에 일반 서적을 읽는 꿈을 천추의 한을 품고 포기하고 말았다.

큰 기대와 꿈을 가지고 시작한 만큼, 절망과 실의는 말할 것도 없이 한 순간에 밀물처럼 몰려와 나의 마음은 커다란 상실감과 함께 큰 상처를 받게 되었다. 하늘이 무너져 내리고 꿈은 산산이 부서지고 절망감은 칠흑처럼 내려 앉아 공허하기가 그지없는 패배감을 뼈 속 깊이 경험하였다.

그리고 세월이 18년이 흐른 어느 날, 지나간 실패의 경험이 생각이 나고 재기의 용기를 갖게 되었다. 그래서 그 때의 '실패의 본능'인 원인을 분석하고 그 경험을 하나씩 하나씩 점검하면서 나만의 독서 방법을 계발하기 시작했다.

먼저 성경 66권이 왜 안 읽혀지는지의 원인을 분석한 결과, 성경은 한 권 안에 66권의 책이 전혀 다른 저자의 내용으로 자리를 잡고 있는 특수한 경전으로 구성되어 있는 점을 발견하였다.
또 성경은 아주 오래된 농축된 언어이기 때문에 한두 번 읽었다고 해서 전체의 문맥이 풀어지는 것이 아니었다.

이렇게 성경의 구성 요소와 특수한 상황을 분석하면서 거기에 적절한 대응 방법을 연구하여 훈련을 하였을 때 비로소 성경의 문맥들이 이해되고 깨달아지게 되는 것을 알게 되었다. 심지어 나의 건강 상태와 독서의 시간 배정도 매우 중요한 요소임을 절실히 깨달았다.

그래서 성경 신·구약 66권을 3분에 넘기면서 전체의 내용을 파악하게 되었고 10개월 동안 7,000회의 성경 다독을 하기

에 이르렀다. 그 뒤의 성경의 내용을 이해하고 새롭게 다가오
는 말씀에 대한 감회는 이루 말할 수 없는 감격을 체험하게
되었다.

그 뒤로 나는 이러한 성경을 독서하는데 성공한 노하우가 있
어서 이제는 서점으로 달려갔다. 자신감도 있었고 어느 정
도의 원리를 적용하면서 일반 서적을 읽으면 성경처럼 읽혀
질 줄 알았는데 천만의 말씀, 삼천만의 말씀이었다. 성경과
일반 서적은 또 다른 형태의 전혀 다른 패러다임*paradigm*[32]을
가진 책이었다. 그래서 이번에는 일반 서적을 연구하면서 읽
고 또 읽었다.

시행착오를 겪으면서 연구하고 나만의 스키마*Schema*를 계발
한 것이 바로 "나비 독서"라는 독서 방법이다.

저자는 이 나비 독서 방법으로 훈련을 하고 검증된 내용을
가지고 독자들 앞에 섰다.

모세가 방황하며 두려워하는 민중을 이끌고 홍해 앞에 서서

---

32) 패러다임 p. 188

넘실거리는 바다를 가르기 위해 지팡이를 내밀었을 때, 기적이 일어나 홍해가 갈라진 것처럼, 나도 '나비 독서'의 지팡이로 거대한 '독서의 바다'를 향해 그것이 정말 갈라질 것인지 아닐 것인지 시험의 무대 위에 오른 것이다.

내가 경험한 '나비 독서'가 과연 시공간을 초월한 독서의 세계를 뛰어 넘을 것인지 아닌지를 말이다. 그러나 독서의 바다가 홍해처럼 갈라지리라고 기대하지는 마시라.

저자는 바다를 가르는 것이 아니라 그 독서의 바다를 훨훨 날아 넘어가기로 한 것이다.

독서의 바다는 저절로 갈라지지도 읽혀지지도 않는다. 그래서 방법을 달리하기로 했다. 홍해는 그대로 놔두고, 내가 나비가 되기로 한 것이다. 차라리 내가 변화하여 그 홍해를, 즉 독서의 바다를 넘어가는 것이 더 쉬운 것임을 깨달은 것이다.

그래서 한 마리의 나비가 되었다. 내 자신이 고치를 만들어, 애벌레에서 번데기로, 그리고 번데기에서 환골탈태換骨奪胎하여 나비가 되어 독서의 바다를 활공하는 것이다.

그것이 바로 2%의 목표를 가지고 '무리한 욕심'에서 환골탈
태하여 열심히 아주 열심히 노력하면 나비 독서가 된다는 것
을 말하고 싶다.

독자들도 남들이 수고한 것을 거저 얻으려 말고 차라리 내
가 나비가 되어 이 거대한 바다, 인도양, 대서양, 태평양의
바다를 넘어 나비처럼 넘실거리며 날아서 건너가 보시라.

'나비가 꽃을 보는 관점'에서 책을 한 송이의 꽃으로 바라보
면서 독서를 하시라, 권하고 싶다.

인도의 성자, '타고르[33]'의 한 구절 시구로 대한민국의 미래
에 대한 예언과 같은 시를 소개한다.

---

33) 타고르 p. 188

# 동방의 등불
# *The Lamp of the East*

*– 라빈드라드 타고르 –*

*1929. 4. 2. 2면. 동아일보 신문*

일찍이 아시아의 황금 시기에
빛나던 등불의 하나 코리아,

그 등불 다시 한 번 켜지는 날에
너는 동방의 밝은 빛이 될지니

*In the golden age Asia*
*Korea was one of its lamp-bearers*

*And that lamp is waiting to be lighted once again*
*For the illumination in the East*

책은 거짓이 없어야 하며, 깨끗해야 하며, 정직해야 한다.
그 가운데서 진리를 가진 책들이 나와서 이 독서계의 세계에
진지하게 임해야 한다. 오직 진실과 진리, 그리고 희망과 기
쁨의 소식이 전해져야 할 것이다.

그리하려면 독자가 현명해야 한다. 거짓과 사술을 가지고 사
심私心으로 이 세계를 흐리게 하는 자들을 견지해야 할 것이
다. 책을 읽고 또 읽으며 무지를 닦고 연마하여 슬기로운 민
족이 되고, 슬기로운 사람이 되어야 한다. 속여서도 안 되지
만, 속아도 안 된다. 속일 수 없는 사람 앞에 사기꾼이 속이
지 못한다.

이 나라에 오직 진리와 진실의 책이 세계에 편만하게 하기
위하여 독자는 저자들을 알고 현명함과 해박한 지식으로 자
신과 가정과 사회를 지켜야 하리라 믿는다. 이러한 지성이
자신과 가정과 사회를 지킬 것이다.

# 나의 독서 노하우 *know-how*

나는 책을 읽을 때 어려운 부분과 만났다고 해서 결코 지나치게 골똘히 생각하지 않는다. 한두 번 고쳐 생각하다가 알 수 없을 때에는 포기하고 만다. 어려운 부분을 계속 집착하면 자기 자신과 시간을 동시에 잃고 말기 때문이다.

- M. 몽테뉴 -

독서의 세계는 한도 끝도 없는 넓고 넓은 바다와 같다.

이 방법, 저 방법, 독서의 방법이 많이 나와서 서점가를 채우고 있지만 아무래도 '내 눈에 안경'이 되어야 바로 볼 수 있다.

이제 독서하는 방법을 소개하자니 부끄럽기도 하여 왠지 자신감마저 줄어드는 느낌이다. 그러나 나 자신을 공개하는 마당에 부끄러울 것이 무엇인가 싶어 다시 용기를 내어 글을 쓴다.

먼저, 독서를 위한 원칙을 하나 세웠다. 왜냐하면 원칙과 원리가 없는 독서는 한도 끝도 없는 미궁에 빠진 독서가 되어, 몇 차례 시도한 독서는 어디서 어떻게 해야 할 지를 도저히 알 수가 없었기 때문이다.

그래서 나만의 독서법을 계발하기 위해 지난날 실패를 되돌아 보면서 최대한 내 몸에 맞는 독서법으로 도전을 하기로 한 것이다.

첫째, 독서는 서점에서 하는 것을 원칙으로 한다.
서점에서 독서를 해야 새로운 신간과 다양한 종류의 책을 선택할 수 있으니까.

둘째, 모든 책, 상식에 관한 책은 20분 이내로 메모하면서 읽는다.
20분이 넘어가면 그 다음의 책을 독서하기가 힘들어진다.

셋째, 어려운 책이나 모르는 글은 넘어간다.
내 수준의 책으로 독서한다는 원칙이다.

넷째, 감명 깊은 책이나 글은 주위 사람에게 이야기한다.

책의 좋은 내용은 가까운 사람들에게 들려주고, 대화의 소재로 활용한다.

다섯째, 읽고 또 읽어야 할 책은 반복적으로 이해가 갈 때까지 본다.

여섯째, 텍스트 전공서에 가까운 책들은 반드시 구입하여 가지고 다니면서 본다.

이와 같이 여섯 가지의 방법과 원칙을 세워놓고 서점에서 독서를 하기 시작했다.

처음에는 국립도서관을 이용하였으나, 오히려 독서하는 분위기나 책의 규모를 볼 때 서점이 훨씬 살아 있는 활력이 돌고, 또 밤 늦게 오후 10시 30분까지 책을 볼 수 있어 서점으로 옮기게 되었다.

이 자리를 빌어 서점, 특히 한국 대형서점 사장님들께 지금도 한 구석을 차지하여 웅크리고 열심히 메모하면서 독서할 수 있도록 편의를 봐 주신 것에 대해 심심한 감사를 드린다.

# 세계 문명 3대 도시의 사랑

*단 한 권 밖에 다른 책은 읽은 적이 없는 인간을 경계하라.*
*— B. 디즈레일리, '로세아' —*

세계 문명의 도시에 정신사에서 결정적인 의미를 지닌 3대 도시가 있다.

첫째, 유태교의 중심이며 기독교의 성지, 예루살렘

둘째, 그리스 철인들의 도시, 아테네

셋째, 플로렌스의 예술과 회화의 도시, 피렌체

세계 문명사에서 이 3대ft 도시는 과거와 현재 그리고 앞으로 미래의 세계에까지도 지속적으로 심오한 영향을 끼칠 도시들이다.

예루살렘은 영혼의 도시라는 신神들의 도시이다.

이곳에서 다윗이 솔로몬을 낳았고, 유태교와 기독교, 그리고 이슬람교가 탄생된 신들의 도시이다.

아테네는 세계의 철학과 지성知性인의 도시이다.

이곳에서는 소크라테스와 플라톤, 그리고 아리스토텔레스가 활동을 하였고, 세계의 철학과 지성의 요람이 되었다.

피렌체는 회화繪畵와 예술의 도시이다. 여기서 레오나르도 다빈치와 미켈란젤로가 모나리자와 다비드 상을 다듬으며 예술을 꽃피웠고, 르네상스의 꽃을 피워 그야말로 예술과 문화의 도시가 되었다.

그런데 아테네와 피렌체는 예루살렘을 사모하고, 예루살렘은 피렌체와 아테네를 사랑한다. 이 세 개의 도시는 저마다 자신들의 정체성을 찾아 마치 영혼과 정신과 육신이 제 짝을 찾듯이 그리워하고 있다. 피렌체가 인간의 육신이라면, 아테네는 인간의 지성이며, 정신이다. 그렇다면 예루살렘은 인간의 영혼을 의미하고 신은 인간의 영혼에 등불을 밝힌다.

그래서 이 3대 도시들은 저마다를 사모하는 눈빛으로 지금도 세계 문명사에서 우뚝 서서 말없이 두 팔을 벌리고 서로 그리워하고 있다.

마치 인간들이 이 도시를 향하여 순례를 하듯이 이 도시들도 저마다의 분신을 향하여 소리 없는 음성으로 서로를 향하여 오늘도 목소리를 높여 합창을 하고, 아름다운 사랑의 세레나데를 부르며 하모니를 이룬다.

# VII. 양서 良書

*양서는 신사의 귀한 생명으로서, 자자손손을 위해 향료를*
*뿌려 비장해야 할 것이다.*

*– J. 밀턴 –*

양서란 무엇이냐에 대한 해답을 일찍이 기원전 철학자 호라티
우스 *Quintus Horatius Flaccus* [34]가 이렇게 정의를 했다.

"양서란, 재미있고 유익하면 양서이다."

---

34) 호라티우스 p. 188

참으로 명쾌하고 간결하면서도 정확한 답이라고 생각한다.
그렇다. 양서란 각자에게 재미있고 유익하면 그것이 바로 양
서이다.

이렇게 나에게 맞는 양서가 많다면 얼마나 좋으련만 나의 입
맛에 딱 맞는 양서들이 그리 많지 않다.

만약 이러한 양서가 나의 주변에 계속적으로 공급만 된다면
나는 엄청난 독서의 양분으로 굉장한 지적 거인으로 성장할
수 있으련만, 애석하게도 내 입맛에 맞는 양서들이 그리 많
지 않다.

여러분도 양서를 만나서 밤새도록 읽고 또 읽었던 경험이 있
었으리라 생각된다. 어느 날 우연히 책 한 권을 손에 쥐게 되
었고 그 책이 얼마나 재미있는지 책을 손에서 놓을 수가 없
어 책을 밤새도록 읽고 드디어 다 읽었을 때의 그 기쁨은 잊
을 수가 없을 것이다.

그런데 다른 책을 골라서 그렇게 읽으려고 하여도 읽혀지지
않고 지루해지면서 재미가 없어 이내 책을 내려놓고 말았다.
그 뒤부터는 줄곧 그렇게 재미있게 읽고 싶어도 도대체 그렇
게 읽혀지는 책도 없고 찾지도 못하여 독서의 흥미를 잃어버

리고 말았다.

아마도 누구나 한 번쯤은 경험해 본 이야기이다. 아직도 그 원인을 알 수 없었다. 그 책은 그렇게 재미있게 읽었는데 왜 다른 책들은 그렇게 읽혀지지 않는 것일까?

이유를 지금도 알 수 없다면, 양서에 대한 이해가 부족하다 는 결론이다.
그래서 나에게 있어 양서는 아주 특별한 소수의 책들만이 양 서인 것은 그만큼 나의 독서가 제한적이고 한정적이다는 결 론이다.

마치 어린 아이에게는 모든 음식이 다 양식일 수 없는 것과 같다. 이 어린 아이에게는 이유식과 특별히 엄마의 모유 외 에는 맛있는 것도 없고 또 먹을 수 없는 것과 같다. 어린 아 이에게는 매우 제한적인 음식만이 양식이 된다는 것과 같은 이치이다.

건강한 사람일수록 모든 음식이 양식이며, 또 배가 고플 때 는 아무거나 맛있게 먹을 수 있다.

건강한 독서가는 어떤 책이든 재미있게 독서를 할 수 있어야 하며 또 필요하면 선별해서 독서를 할 수 있다. 언제나 자신에 맞는 책만을 마냥 기다릴 수만은 없다.

책이 오기를 기다리지 말고, 내가 어떤 책이든 소화할 수 있는 지적으로 해박한 사람이 되어야 할 것이다.

시

# 씨알 글

- 김용호 -

빛이 녹아 바람으로
흩어진 미세한 조각들이여


어느 골짜기 모퉁이를 돌다가
산화되어 맺혀진 안개여


뭉치다가 맺혀진 빗방울
이내 못 견디다가 떨어진 낙수여


어느 높은 산 나뭇잎에 모여
떨어져 흘러내리던 너,


골짜기를 비틀다가 몸부림쳐서
내려온 샘물처럼

이내 모여서 소곤소곤
개울가에서는 개굴개굴
어느 강에서는
넘실넘실

대양에 모여
출렁출렁

그러다가 일제히 달려와
소리를 외치고 물러가는 너,

땅 사람에게
놀래주기를 멈추지 아니하네

사람아, 바닷물을
한 입에 먹어버리라

고래처럼 씹지 말고
삼켜 먹어버리라

그래야 네가 바다와 땅에
발을 딛고 외칠 수 있다


글을 씹는 자는 삼키지 못하되
글을 삼키는 자는 먹으리라


글이 무엇이냐
빛이 아니냐


빛을 씹는 자는
혀를 깨무는 자요


빛을 삼키는 자는
빛을 먹는 자이라


글을 삼킬 때까지
글을 먹으라


삼키는 자는
빛처럼 먹으리라

씨앗을 받아먹는 대지처럼
생물을 덮는 바다처럼

씨알 글을 먹으라
순간에 먹으라

순간에서 순간을 즐기고
순간을 먹으라

순간 속에 태어난 생명이여
순간에서 영원으로 가는 생명이여.

# 저자와 나의 수준

우리는 훌륭한 책을 많이 읽더라도 저자와 같은 경험을
하기 전까지는 그 내용을 실감하며 이해하기 어렵다.
- J. 키츠 -

독서란 매우 밀접한 상관관계에서 이루어진다.

단지 얼굴과 얼굴을 맞대고 있지 않다는 것뿐이지 사실은
전화를 가지고 인격적인 대화를 나누는 것과 같다. 대화란
것 자체가 일방적일 수 없는 것이듯이 독서도 일방적으로 내
가 읽고 끝나는 것이 아니다.

이를테면 책이란 그 사람의 인격과 지성과 수준이 함께 농
축되어 있는 글이기에 아무나 어떤 책을 읽는다고 다 이해가
되고 알 수 있는 것이 아니다.

독서를 하다가 보면, 그 사람의 인격과 인품과 성품, 심지어
는 감정까지도 전달이 된다. 그래서 자신과 어떠한 소통이

이루어지는 책을 읽다가 보면 눈물을 짓기도 하지만 흐느껴 울기도 한다. 왜 그렇게 울기도 하고 웃기기도 하고 행복해 지기도 하는 것인가?

책에는 얼굴이 없는 인격과 지성이 담겨 있기 때문이다.

'친구 중에 가장 좋은 친구는 책이다' 라고 말한 이도 있다.

사실, 책이 나의 친구가 될 수 있을까? 물론 충분히 친구가 될 수 있다. 언제나 책과 함께 시작하고 책을 아예 머리 밑에 두고 사는 사람들이 어디 한둘이겠는가?

책과 친구가 될 수 있는 것은, 사실은 모든 책과 친구가 된다는 의미가 아니라 자신의 적성과 수준에 맞는 책이야말로 진정한 친구가 된다는 말이다.

그리고 엄밀히 말한다면, 그 책과 친구가 된다는 말이 아니라 사실은 그 책을 쓴 저자와 친구가 된다는 말이다.

왜냐하면 그 책의 저자의 생각과 언어와 심지어 수준과 이상이 모두 잘 맞아서 한 번도 만나 본적이 없지만 글을 읽고서도 친구가 된다는 유대감이 형성된다.

모든 책에는 저자만이 가지고 있는 소위 저자의 지성이 있다. 이 지성은 그 사람의 학습 수준과 지식 수준을 말하는 것으로서 저자의 글을 읽다가 보면 같은 지식 수준이 서로 소통하는 것을 알게 된다. 수준이 맞아야 그 사람의 책을 볼 수 있다. 심지어는 저자의 수준이 너무 낮아서 어린 아이의 수준 같아 아예 글을 읽을 수가 없는 정도도 있다.

책이라고 해서 동일 선상의 지성적인 책이라고 단언해서는 안 된다.

그냥 보기엔 보잘것없는 책인데 막상 안을 열어보니 굉장한 진리와 수준 높은 이야기들이 담겨 있어 어안이 벙벙할 정도로 놀라운 책들도 있다.

책을 다양하게 즐기려면 저자의 수준에 가까워야 모든 책들을 즐길 수 있다. 그러므로 다양한 방향으로 많은 책을 섭렵할 수 있는 실력을 갖추어야 한다.

다양한 지인들의 은어와 그들의 지성에 문답할 수 있는 지성을 쌓아야 대화가 되고 그들의 사상을 나누고 이야기를 할 수 있는 것이다.

# 모든 책이 양서가 되는 날까지

오래된 나무는 태우기 좋고, 오래된 포도주는 마시기 좋
으며, 오래된 친구는 믿기 좋고, 그리고 오래된 책은 읽기
좋다.

*- O. W. 홈즈, '아침 식탁의 독재자' -*

만일 모든 책이 나에게 양서가 된다면 아마도 괴테*Goethe*와
톨스토이*Tolstoi*[35], 도스토예프스키*Dostoyevsky*[36]나 빅토르 위
고*Victor Hugo*[37], 셰익스피어*Shakespeare*나 프랜시스 베이
컨*Francis Bacon* 정도의 독서량을 가져야 할 것이다.

그러나 이것은 불가능한 일은 아니다. 앞으로 독서의 양을
꾸준히 1년에 1천 권씩 한 10년 정도만 한다면 그리 어려울
것도 없다. 안 그런가?

---

35) 톨스토이 p. 188
36) 도스토예프스키 p. 188
37) 빅토르 위고 p. 189

사실, 모든 책이 양서가 될 수는 없다.

그러나 꼭 모든 책이 양서가 안 된다 하더라도 내 자신이 모든 책을 상대할 수 있는 지성을 키워내는 것은 그리 어려운 일은 아니다. 현대를 살면서 우리는 이러한 압박을 받고 있는 것 또한 사실이다.

주변을 살펴보라. 선진국의 사람들이 옛날 군주나 왕들이 먹는 수라상 水剌床[38]을 평민들이 먹고 귀족들이나 외식을 했던 문화도 서민들도 함께 하고 있다. 한 국가의 외교 사절들이나 해외 나들이도 서민들이 외국을 안방 넘나들 듯이 다니는 시대가 아닌가. 또한 예전에는 한 국가의 정보국도 겸비할 수 없는 고성능 통신 장비와 전자기기들을 어린 초등학생들부터 일반인들까지 소유하고 다루는 시대가 되었다.

모든 정보가 개방되어 있고, 얼마든지 사용할 수 있으며 정보 검색을 통해서 수초 안에 내가 원하는 지식과 정보와 문화를 동시에 즐기는 그야말로 '다중 멀티' 시대가 펼쳐진다.

이러한 때에 모든 책들이 양서가 된다는 것도 사실 불가능한 이야기는 아니다.

---

38) 수라상 p. 189

내 자신만이 노력을 한다면 이제는 얼마든지 독서를 즐길 수 있고 그리고 얼마든지 훈련과 노력으로 다양한 독서를 할 수 있기 때문이다.

그러므로 모든 책이 양서로 나에게 다가올 수 있도록 나의 지성의 문을 활짝 열어젖히고 가능한 한 많은 책을 가장 짧게 그리고 가장 빠르게 독서하여 책의 시대인 도서관 르네상스*Renaissance*의 시대를 열자.

이것이 저자가 책을 읽고 독서한 결론이다.
도서관 르네상스의 시대를 주도하자.

다시 말해서 대학의 문화가 사라지고 이제는 도서관의 시대가 오는 것을 대비하자는 것이 저자의 생각이며 간절한 바람이다.

# Ⅷ. 나비 독서를 위한 갈무리

나비 독서를 위한 마지막 마무리를 하고자 한다.
나비 독서는 수많은 가지 중의 일부분에 불과하다.

아직도 수많은 더 좋은 독서 방법이 계속 나와야 한다.
나비 독서는 지금까지 내가 경험하고 내가 겪었던 독서의 방법 중에 가장 좋은 방법이라 생각하여 용기를 내어서 몇 자 기록을 하였다.

이제 갈무리를 위한 마지막 제안으로 독서는 세 가지로 분류하여 본다.

첫째, 전공서적이나 교과서 종류의 독서 방법

전공서나 교과서적은 나비 독서로 독서하는 것은 어렵다.
전공서나 교과서는 플라톤이 아카데미에 와서 자신의 아들
왕자에게 빨리 공부를 할 수 있는 방법을 묻는 임금에게 조
언을 했던 말이 더 적절하리라 믿는다.

"공부에는 왕도가 없다."

그렇다. 자신의 전공서나 교과서는 요약으로 공부하는 것이
아니라 정독으로 돌파해야 한다.

아니 정독뿐 아니라 읽고 또 읽어서 그 내용들이 아주 머리
속에 녹아들어서 자연스럽게 이해가 갈 정도가 되도록 정독
하고 암기하고 독파해야 한다.

둘째, 양서 良書

현대에도 양서란? 재미있고, 유익하면 사람들은 시간이 가
는 줄 모르게 읽고 또 읽게 된다.

양서에 대하여는 읽고 공부하는데 아무런 어려움이 없다. 문제는 전공서나 일반 서적이 나의 수준에 맞지 않아 읽기가 어렵고 이해가 안 가는 것이 문제이다.

또한 이렇게 나에게 절실히 필요한 양서가 많지 않는 것과 이러한 것들을 찾기가 어렵다는 것이 더욱 큰 문제이다. 그러므로 양서는 할 수만 있으면 최대한으로 많이 읽고, 또 최대한 이러한 양서들을 많이 가지고 있어서 늘 애독해야 한다. 그러면 독서가 즐겁고 자신의 지적 능력이 하루가 다르게 발전하는 것을 몸소 체험하게 된다.

셋째, 상식에 관한 책

문제는 이 상식에 관한 책들을 어떻게 시간을 낭비하지 않으면서 나의 지적 능력을 키울 것인가.

사실 상식에 관한 책들은 나에게 그리 꼭 필요한 책이 아니기에 이러한 책들을 가지고 바쁜 나의 일상에 중요한 시간으로 함께 관리하기란 매우 어렵다. 그러나 상식에 관한 독서를 많이 할 때에 나의 전문 분야가 넓어지고 질적으로 높일 수 있게 된다. 그러므로 전공 서적과 같이 상식에 관한 독서가 매우 중요한 요소이다. 그러나 상식에 관한 책들은 모든 장르에 걸쳐 두루 독서를 해야 하는 광범위한 분야이기에 막연하다.

그래서 이럴 때 적절한 독서 방법이 바로 "나비 독서법"이다. 나비 독서 법은 시간을 최대한으로 절약하면서

책의 양에 관계없이 길면 20분 내로, 짧으면 5분에서 10분 사이로 한 권의 책을 내용과 함께 메모하면서 독서하는 방법이 바로 나비 독서법이다.

그러므로 나비 독서를 통하여 단순 , 반복 그리고 메모의 훈련을 통하여 될 수 있으면 많은 종류의 책을 섭렵해야 한다. 이렇게 다양한 서적들을 나비 독서를 통하여 독서를 하게 되면 지적인 능력을 경험하게 된다. 이것이 바로 나비 독서의 나비효과이다.

이렇게 나비 독서를 경험해보라.
그러면 독서의 바다를 건너는 모험과 스릴을 경험하게 된다.

나비라는 생물을 관념적으로 이해하다가 자신이 이러한 훈련과정을 통해서 자유를 경험하게 되고, 지적인 힘을 소유하게 될 때에 진정한 나비의 경험을 몸으로 느끼게 된다.

# 글 향기

- 김 용 호 -

지금은 이름 모를
고인이 되어

푸른 잔디 가슴에 안고
누워버린 그 이를 위하여

너의 향기
한 줌 피워 올리라

한 때 너를 미치도록
사랑한 그 이였기에

너의 글 향기
한 줌 피워 올리라

차가운 비석 하나
삐죽이 고개 내민 그 이에게
너의 글 향기
한 줌 피워 올리라.

# 미국이 강한 이유

*좋은 책이 집필되는 경우가 왜 이처럼 드문지 아는가?*
*무엇이든 제대로 알고 집필하는 사람이 그만큼 드물기 때*
*문이다.*

*– W. 바주트 –*

1. "미국은 사람을 끌어당기는 힘*Pulling Power*이 있다." 미
   국은 온 세계인들의 꿈의 나라이다.

2. 우리 한국을 비롯해서 제3세계의 사람들에게 있어서 미
   국은 자신의 꿈을 이루기 위해 가고 싶은 나라 중 하나이
   다. 이렇게 모여든 풍부한 인적 자원을 가진 미국은 세계
   의 고급 두뇌를 확보하는데 어느 나라보다 가장 우위에
   있는 나라이다.

3. 미국은 경쟁 시스템*Competeion System*이 잘 갖추어진 나
   라이다. 누구든지 노력하면 그 분야에서 성공이 보장되어

있어 많은 사람들이 건전한 경쟁으로 모든 분야가 발전을 할 수 있다.

4. 국민의 존경을 받도록 건전한 기업 활동이 보장되어 있다. 그러므로 미국은 기업들이 건전하게 기업 활동을 보장하는 한편 기업들은 그들의 수익을 위해 많은 단체를 지원함으로써 사회의 순화의 역할에 큰 도움으로 주고 있다.

미국은 두 가지 더 좋은 힘을 가지고 있는데

첫째, 소프트 파워 *Soft Power* 이다.
미국의 교육시스템은 전 세계의 고급 두뇌들이 유학할 수 있도록 지원하여 공부가 끝나고 제 나라에 돌아가서 미국을 홍보하는 잠정적인 힘으로 미국의 영향력을 구사한다.

둘째, 하드 파워 *Hard Power* 이다.
미국의 군사력과 경제 체제를 갖고 행사하는 힘이다. 이 두 가지를 모두 활용함으로 전체적인 국가의 신용과 경제적인 이익을 얻게 되어 미국의 힘으로 작용된다.

# 나에게 꿈이 있습니다

*책을 읽는다는 것은, 많은 경우에, 자신의 미래를 만든다는 것과 같은 뜻이다.*

*— R .W. 에머슨 —*

책을 읽다가 보니 앞으로 우리나라가 가야 할 길을 생각하게 되었다.

프랑스 미테랑 대통령의 수석자문이었던 '자크 아달리*Jacques Attali*[39]'라는 경제학자가 우리 한국의 미래에 대하여 전망했던 말을 잊을 수가 없다.

그의 연구에 의하면 2030년경 태평양 연안을 중심으로 11개 나라의 시대가 시작되는데 그 중에 한국은 세계를 리드하는 최강 국가가 된다는 것이다.

---

[39] 자크 아달리 p. 189

이것은 그저 예상을 한 것이 아니라 여러 방면의 성향을 국가별로 조사하고 연구한 끝에 내놓은 발표이기에 놀라움을 금치 못했다. 비단 자크 아달리 *Jacques Attali* 만이 아니라 '엘빈 토플러 *Alvin Toffler* [40]', '피터 드러커 *Peter Ferdinand Drucker* [41]'도 한국에 대하여 높은 평가를 하는 것을 보면 우리 대한민국이 세계인의 선망의 대상으로서 우뚝 설 것은 틀림이 없다.

그러나 우리는 알고 있다.
우리의 문화적인 수준이 현재 프랑스나 미국, 영국, 스웨덴, 스위스, 독일의 수준을 따라가기는 아직도 멀었다는 것을.

우리의 교육이 무언가 공회전을 하면서 굉음을 내고, 여러 가지 부작용이 있음에도 딱히 해결 방안을 내놓지 못하고 있는 실정이다.

나는 이러한 문화적인 수준의 문제 해결은 그리 어렵다고 생각하지 않는다.

---

40) 엘빈 토플러 p. 189
41) 피터 드러커 p. 189

이 문제는 민간 차원에서 일어날 일이 아니라 정부가 주도하여 일어나야 할 70년대의 '새마을 운동'과 같이 해야 할 성격의 대국민운동이다. '전 국민 도서관 대학' 운동을 일으켜서 대학을 능가하는 지적인 교육이 일어나면, 현재 대학의 입시 과열과 학원 고액 과외는 자동으로 수그러질 것이다.

한 가지 꿈이 있다면, 우리나라에 세계적인 도서관을 세우는 일이다.

물론 국립도서관이 있지만, 이 정도 가지고는 어림도 없는 일이다. 최소한 미국의회도서관 *The Library of Congress* [42] 정도의 규모에 뉴욕공공도서관 *New York Public Library* [43]을 능가하는 기능을 탑재하고 더 나아가 대학의 기능을 하면서 온·오프라인 양방향 서비스가 가능한 서점 기능을 가진 도서관을 세우는 일이다.

또한 외국인 전용관을 나라별로 설치해서 얼마든지 학위 공부를 독서의 기능으로 취득이 가능하게 만들어 학위를 수여하는 도서관을 세우고 싶다.

---

42) 미국의회도서관 p. 189
43) 뉴욕공공도서관 p. 189

또 하나의 꿈은 세계적인 세미나와 포럼을 도서관 주도 하에 주관하여 '다보스 포럼'과 같은 품위와 격이 높은 컨퍼런스를 유치하는 일이다.

독서 환경을 국제센터 기능의 수준으로 격을 높인다면 해외파 연구생들을 적극 유치할 수 있을 것이다.
이렇게 지적인 문화의 동력이 되는 제2의 '학문의 르네상스 문화 운동'이 전 국민 운동으로 일어나 그야말로 '세계적인 다중 지능 시스템을 겸비한 24시 도서관'의 르네상스를 주도하는 나라가 되기를 꿈꾼다.

우리나라는 이러한 인프라*infra*[44]가 충분히 준비되어 있을 뿐 아니라 인적 자원도 풍부하기 때문에 정부 주도 하에 이 운동이 일관되게 일어난다면 얼마든지 가능하리라고 본다.

전 국민이 도서관 대학에 들어와서 나이와 학력을 초월하여 자신이 필요한 공부를 독서를 통해서 이루어 내는 '에브리데이 크리스마스 24시 도서관'을 설립하는 일이야 말로 대한민국이 꿀 수 있는 꿈이다.

---

44) 인프라 p. 189

성경에는 꿈의 이야기가 많이 나온다.

야곱의 꿈에서부터, 요셉, 바로, 느브갓네살 대왕의 꿈, 그리고 신약 성서의 동방 박사들의 꿈까지. 그 중 구약 성서의 창세기에 나오는 요셉의 꿈 중에 '해와 달과 열한 별이 나에게 둘러 절을 하더이다.'의 꿈에 주목해야 한다.

이는 장차 우리 대한민국의 21세기 새 밀레니엄의 국가적인 꿈으로서 일레븐 11개국, G11 국가의 시대에 바로 우리 대한민국에게 모든 나라가 경의를 표하고 절을 하는 꿈이라고 우기고 싶다. 아니 우겨야 한다.

이것을 넌지시 알려주는 인물들이 있으니, 그가 바로 인도의 시인 '타고르'이며, 프랑스의 석학 '자크 아달리'이다.

시대는 바뀌고 있다. 삼국지를 통하여 얻을 수 있는 국가 백년대계의 조언을 얻는다면 이렇다.

삼고초려三顧草廬[45]를 통해서 공명을 얻은 유비는 제갈량[46]으로부터 건국에 대한 전략을 듣게 된다.

---

45) 삼고초려 p. 189
46) 제갈량 p. 189

제갈공명은 유비에게 천하삼분天下三分[47]도를 설명하면서 이렇게 조언을 한다.
'황숙께서는, 인재들을 불러 모아 인화人和로서 손권과 조조를 대항하여 나라를 세워야 합니다.'

오늘날 제갈공명이 살아있어 지금 한반도의 상황을 보고 조언을 또 한다면 아마도 유비에게 한 말을 꼭 같이 할 것이라 생각된다. 왜냐하면, 당시 유비가 처한 상황이나 지금의 우리 대한민국은 비슷한 처지라고 생각이 든다.

손권[48](중국, 러시아)은 지地, 땅의 기반을 가지고 난공불락을 만들어 문을 걸어 잠그고 방어를 하고 있고, 조조[49](미국, 일본)는 천天, 하늘이 준 기회를 가지고 천하를 호령하고 있으나, 유비[50](한국)는 폐가한 왕손으로서 땅과 하늘의 기회를 가지지 못한 가장 가난한 왕손이기에 아무것도 가진 것이 없기 때문이다.

---

47) 천하삼분 p. 190
48) 손권 p. 190
49) 조조 p. 190
50) 유비 p. 190

그러니 제갈공명으로서 이 가난한 왕손 대한민국에게 알려
줄 수 있는 지략은 인화人和로서, 인재를 불러 모아 나라를
세우는 것이 가장 현명한 방법인 것을 알려준 것이다.
우리나라도 인화로서, 단결하지 않으면 망亡하고 말 것이다.
우리도 제갈공명의 권면의 소리를 듣자.
제발 싸우지들 말자. 이제는 인화人和로서 인재를 불러 모아
일레븐 국가G11 시대를 준비하자.

'해와 달과 열한 별이 내게 절하더이다.'

– 요셉, 구약성서 창세기 37 : 9 –

# 인물·단어 색인

# 독서 명언

1) 가난한 사람은 책으로 말미암아 부자가 되고 부자는 책으로 말미암아 존귀해진다.

- 고문진보 古文眞寶 -

2) 가장 강하게 요구된 책이 항상 최고의 가치가 있는 책이라고는 할 수 없다.

- H. E. 헤인즈 -

3) 가장 좋은 책은 영구히 불멸한다.

- J. 밀턴 -

4) 같은 책을 읽은 다른 사람들과 어울릴 때, 책을 읽는 기쁨은 두 배가 된다.

- K. 맨스필드 -

5) 건강도서는 매우 조심해서 읽어야 한다. 잘못 인쇄된 내용만으로도 죽을 수 있으니까 말이다.

- 마크 트웨인 -

6) 격언집을 읽는 것은 무지한 사람에게는 매우 좋은 일이다.

*– W. 처칠 –*

7) 과학이라면 가장 새로운 것을 읽고, 문학이라면, 가장 오래된 것을 읽는 편이 좋다.

*– 리튼 –*

8) 그 사람이 읽는 책을 보면 그 사람의 성질을 자연히 알 수 있다.

*– W. 차몬드 –*

9) 그것은 종전부터 기록된 것으로 모두 우리들을 훈계하기 위하여 기록된 것이다.

*– 사도 바울 –*

10) 나는 독서하는 방법을 배우기 위해서 80년이라는 세월을 바쳤는데, 아직까지 그것을 잘 배웠다고는 말할 수 없다.

*– J. W. 괴테 –*

11) 나는 책 없이는 살 수 없다.

*– T. 제퍼슨 –*

12) 나는 책을 읽을 때 어려운 부분과 만났다고 해서 결코 지나치게 골 똘히 생각하지 않는다. 한두 번 고쳐 생각하다가 알 수 없을 때에는 포기하고 만다. 어려운 부분을 계속 집착하면 자기자신과 시간을 동 시에잃고 말기 때문이다.

– M. 몽테뉴 –

13) 낡고 오래 된 코트를 입을지언정, 새 책을 사는데 게을리 하지 말라.

– A. 펠프스 –

14) 남의 피를 이해한다는 것은 그렇게 쉬운 일이 아니다. 나는 한가하게 독서하는 한가한 사람을 증오한다.

– 니체 –

15) 내 나이 여덟 살 때 나는 결론을 내리고 말았다. 세상에서 인간 다음 놀랍고 훌륭한 것은 다름 아닌 책이라고 말이다.

– M. 워커 –

16) 내가 독서하고 있을 때 그 책이 어리석은 책이건 아니건 책은 살아서 나에게 이야기하고 있는 것처럼 여겨진다.

– J. 스위프트 –

17) 내가 인생을 안 것은 사람과 접촉한 결과는 아니다. 책과 접촉한 결과이다.

- A. 프랑스 -

18) 내가 처음으로 좋은 책을 읽을 때에 나는 마치 새로운 친구를 얻은 것같이 생각되었다. 일찍이 한 번 읽은 책을 다시 읽을 때에는 나는 옛 친구를 다시 만나는 것과 같이 느끼게 된다.

- O. 골드스미스, 영국시인 -

19) 너무 급하게 읽거나 너무 천천히 읽을 때는 아무것도 이해하지 못한다.

- B. 파스칼, '팡세' -

20) 누구에게나 정신에 하나의 큰 획을 그어주는 책이 있다.

- J. H. 파브 -

21) 단 하루라도 책을 읽지 않으면 입에 가시가 돋는다.

- 안중근 -

22) 단 한 권의 책밖에 다른 책은 읽은 적이 없는 인간을 경계하라.

- B. 디즈레일리, '로세아' -

23) 도서관은 영원히 지속되리라. 불을 밝히고 고독하고 무한하고 부동
   적이고 고귀한 책들로 무장하고 부식하지 않고 비밀스런 모습으로.

   − J. L. 보르제 −


24) 독서가 정신에 미치는 영향은 운동이 육체에 미치는 영향과 다름
   없다.

   − T. A. 에디슨 −


25) 독서는 지식의 재료를 공급할 뿐, 그것을 자신의 것으로 만드는 것은
   어디까지나 사색의 힘이다.

   − J. 로크 −


26) 독서는 해박한 사람을 만들고 대화는 민첩한 사람을 만들고, 필기는
   정확한 사람을 만든다.

   − F. 베이컨 −


27) 독서와 황금을 함께 사랑할 수는 없다.

   − R. 밸리 −


28) 독서의 참다운 즐거움은 몇 차례고 거듭하여 읽는 데 있다.

   − D. H. 로렌스 −

29) 독서처럼 가장 싼 값으로 가장 오랫동안 즐거움을 누릴 수 있는 것
은 달리 또 없다.

― M. 몽테뉴 ―


30) 두 번 읽을 가치가 없는 책은 한 번 읽을 가치도 없다.

― 베버 ―


31) 마음만 즐겁게 해주는 평범한 책들은 지천으로 깔려 있다. 따라서
의심할 바 없이 정신을 살찌우게 하는 책만을 읽어야 한다.

― 세네카 ―


32) 만 권의 책을 읽었지만, 여전히 내 몸은 서럽기만 하다.

― J. W. 괴테, '파우스트' ―


33) 만약 내가 다른 사람들과 같은 정도로 독서를 했더라면, 다른 사람
들과 같은 정도밖에 몰랐을 것이다.

― T. 홉스 ―


34) 말은 사라지고 책은 남는다.

― 프랑스 속담 ―

35) 모든 위대한 책은 그 자체가 하나의 행동이며, 모든 위대한 행동은 그 자체가 한 권의 책이다.

— M. 루터 —

36) 모든 책은 가끔 문명을 승리로 전진시키는 수단이 된다.

— W. 처칠 —

37) 무엇이거나 좋은 이 책을 사라, 사서 방에 쌓아 두면 독서의 분위기가 만들어진다. 외면적인 것이 긴 하나 이것이 중요하다.

— 베니트 —

38) 방에 책이 없는 것은 몸에 정신이 없는 것과 같다.

— M. T. 키케로 —

39) 밭이 있어도 갈지 않으면 창고가 비고, 책이 있어도 읽지 않으면 자손이 어리석어진다.

— 백거이白居易, '권학문勸學文' —

40) 번역이 있는데 원문으로 읽고자 고집하는 것은 보스턴으로 가는데 찰스강을 헤엄쳐 건너려는 것과 같다.

— R. W. 에머슨 —

41) 법은 사멸하지만 책은 불멸이다.

- E. G. E. L. B. 리튼 -

42) 베스트셀러는 평범한 재능이 수식된 묘석이다.

- R. P. 스미스 -

43) 빌린 책이 좀처럼 그 소유주에게 돌아가지 않은 이유는 책을 놓아
두는 것이 그 내용을 기억에 남기는 것보다 쉽기 때문이다.

- 질 메나즈, 프랑스의 학자 -

44) 사대부는 사흘을 책을 읽기 않으면 스스로 깨달은 언어가 무미하고,
거울에 비친 자기 얼굴을 바라보기가 또한 밉살스럽다.

- 황산곡 -

45) 사랑하는 자식을 다루는 것과 같은 요령으로 책을 다루어라.

- 브레이즈 -

46) 사색하지 않고 하는 독서는 씹지 않고 음식을 먹는 것과 같다.

- E. 버크 -

47) 새들이 없는 세상을 상상할 수 없는 사람이 있다. 물이 없는 세상을
상상할 수 없는 사람이 있다. 나로 말할 것 같으면, 책 없는 세상을
상상할 수 없다.

- J. L. 보르헤스 -

48) 서평하는 사람들, 그들은 출판사가 개최한 서커스 공연에서 일하는
호객꾼인 경우가 대부분이다.

- A. 오말리 -

49) 그대의 서재를 책으로 채우는 것은 그대의 지갑을 돈으로 채우는 것
보다도 그대에게 있어서는 훨씬 걸맞는 일이다.

- 존 릴리 -

50) 소유할 수 있는 책 전부를 읽을 수 없는 한, 읽을 수 있는 만큼의 책
만을 소유하면 충분하다.

- 세네카 -

51) 신간 서적이 매우 괘씸한 까닭은 우리의 해묵은 책을 읽지 못하게 하
기 때문이다.

- A. 쥬벨, '팡세' -

52) 아리스토텔레스가 붓을 가지고 세계를 교화시킨 것은 알렉산더가 검을 가지고 이것을 정복한 만큼 유명한 사실이 아닌가? 전자는 후자보다도 많이 사람의 담화에 오르지 않는가? 세상은 이 군인의 무용담보다도 이 철인의 학문에 힘입은 것이 많지 않은가?

— 아이작 바로, 영국의 수학자·신학자 —

53) 아무리 유익한 책이라도 그 절반은 독자 자신이 만든다.

— 볼테르 '철학사전서문' —

54) 악서는 지적인 독약으로서 정신을 독살한다.

— K. 힐티 —

55) 양서良書를 읽기 위한 조건은 악서惡書를 읽지 않는 것이다. 그렇기 위해서는 읽지 않고 지나는 기술이 필요하다. 인생은 짧고 시간과 능력에는 한계가 있다.

— A. 쇼펜하우어 —

56) 약간의 돈이 생길 때마다 나는 책을 산다. 그렇게 하고 남는 돈이 있을 때, 비로소 나는 먹을 것과 입을 것을 산다.

— D. 에라무스 —

57) 양서는 신사의 귀한 생명으로서, 자자손손을 위해 향료를 뿌려 비장해야 할 것이다.

– J. 밀턴 –

58) 어떤 책은 음미하고 어떤 책은 삼키고, 소수의 어떤 책은 잘 씹어서 소화해야 한다.

– F. 베이컨, '수필집' –

59) 연애가 결혼보다 즐거운 것은 소설책이 역사책보다 재미있는 것과 같은 이유에서이다.

– S. R. N. 샹포르 –

60) 열지 않은 책은 한 뭉치의 종이에 불과하다.

– 영국 속담 –

61) 오래 된 나무는 태우기 좋고, 오래 된 포도주는 마시기 좋으며, 오래 된 친구는 믿기 좋고, 그리고 오래 된 책은 읽기 좋다.

– O. W. 홈즈, '아침 식탁의 독재자' –

62) 우리 머리에 주먹질을 해대는 책이 아니라면, 우리가 왜 그런 책을 읽어야 한단 말인가.

– F. 카프카 –

63) 우리는 훌륭한 책을 많이 읽더라도 저자와 같은 경험을 하기 전까지는 그 내용을 실감하며 이해하기 어렵다.

- J. 키츠 -


64) 우리들은 가치 없는 책을 읽는 데에 시간을 낭비해서는 안 된다.

- J. 러스킨 -


65) 유익한 책이란, 독자에게 증보를 요구하지 않고는 못 배기는 그런 책이다.

- 볼테르 -


66) 이 책을 사용하는 것은 좋지만, 혹사하지 말라. 꿀벌은 백합을 더럽히지 않고 다만 맛만 채어간다.

- 릴리안 탈 -


67) 인생은 짧다. 이 책을 읽으면 저 책은 읽을 수가 없다.

- J. 러스킨 -


68) 자기의 책에 대해서 말하는 작가는 자기 자신의 아이에 대해 말하는 어머니와 같이 나쁘다.

- B. 디즈레일리 -

69) 잡서의 난독은 일시적으로는 다소의 이익을 가져다 줄 지 모르지만, 궁극적으로는 시간과 정력의 낭비로 돌아가는 것이다.

— E. S. 마틴 —


70) 저술을 끝낸 책은 살해한 사자와 흡사하다.

— E. 헤밍웨이 —


71) 전력을 다 하지 않으면 훌륭한 독서는 불가능하다.

— A. 베니트 —


72) 정원과 서재를 갖추었는가? 그렇다면 당신은 필요한 것은 모두 갖춘 셈이다.

— M. T. 키케로 —


73) 조심할지어다. 책에서 얻은 지식이 진짜 세상에서 얻은 지식을 방해 할지도 모르니 말이다.

— W. 셴스턴 —


74) 좋은 책을 읽는 것은 과거의 가장 훌륭한 사람들과 대화를 나누는 것과 같다.

— R. 데카르트 —

75) 좋은 책을 읽을 때면 나는 3천년은 더 사는 듯한 기분을 느낀다.

　　　　　　　　　　　　　　　　　　　　　　　　　 – R. W. 에머슨 –


76) 좋은 책을 읽지 않는다면, 책을 읽는다고 해도 문맹인 사람보다 나을 것이라고는 하나도 없다.

　　　　　　　　　　　　　　　　　　　　　　　　　 – 마크 트웨인 –


77) 좋은 책을 처음에 읽어라. 그렇지 않으면 그런 책을 읽을 기회가 전혀 없을 것이다.

　　　　　　　　　　　　　　　　　　　　　　　　　 – H. D. 소로 –


78) 좋은 책이 집필되는 경우가 왜 이처럼 드문지 아는가? 무엇이든 제대로 알고 집필하는 사람이 그만큼 드물기 때문이다.

　　　　　　　　　　　　　　　　　　　　　　　　　 – W. 바주트 –


79) 지혜의 샘은 책 사이로 흐른다.

　　　　　　　　　　　　　　　　　　　　　　　　　 – 독일 속담–


80) 책만큼 매력적인 가구는 없다.

　　　　　　　　　　　　　　　　　　 – S. 스미스 홀전드 부인, '회상록' –

81) 책은 그것이 쓰여질 때처럼, 신중하게 절약해가며 읽어야 한다.

- H. D. 소로 -

82) 책은 남달리 키가 큰 사람이요, 다가오는 세대가 들을 수 있도록 소리 높이 외치는 유일한 사람이다.

- R. 브라우닝 -

83) 책은 말을 다 하지 못하고 말은 뜻을 다 하지 못한다.

- 주역 -

84) 책은 소년의 음식이되고, 노년을 즐겁게 하며, 번영과 장식과 위난의 도피소가 되며, 그리고 이것을 위로하고, 집에 있어서는 쾌락의 종자가 되며, 밖에 있어서도 방해물이 되지 않고, 여행할 때에는 야간의 반려가 된다.

- M. T. 키케로 -

85) 책은 지금도 기적을 행한다. 사람을 깨우친다.

- 영국 속담 -

86) 책은 책에서 만들어진다.

- 영국 속담 -

87) 책을 다 믿는다면 책이 없는 것만 못하다.

– 맹자 –


88) 책을 많이 읽을수록 독서력은 기하급수적으로 강해진다. 독서광이
라 불리는 사람들은 한 눈으로 여러 대목을 살피며 읽어낸다. 그리
고 요점만 골라낸다. 이에 따라 필요한 대목을 스스로 활용할 수
있다.

– E. A. 포우 –


89) 책을 읽는다는 것은, 많은 경우에, 자신의 미래를 만든다는 것과 같
은 뜻이다.

– R. W. 에머슨 –


90) 책이 없으면, 신도 침묵하고 정의는 잠자며, 자연과학은 정체되며 철
학은 절름발이가 되고 문학은 말하지 않으며, 모두가 킴메리오의 어
둠에 빠질 것이다.

– T. 발트린 –


91) 책이라는 것은 원래 공허한 것이다.

– R. M. 릴케 –

92) 훌륭한 독서인이 드문 것은 훌륭한 저술가가 드문 것과 같다.

- 주역 -

93) 한 사람이 책을 읽음으로써 그 얼마나 많은 새로운 시대와 만날 수 있는지.

- H. D. 소로 -

94) 한 권의 좋은 책은 위대한 정신의 귀중한 활력소이고, 삶을 초월하여 보존하려고 방부처리하여 둔 보물이다.

- J. 밀턴 -

95) 큰 도서관은 인류의 일기장과 같다.

- J. 밀턴 -

96) 책의 표지로서 그 책을 판단하지 말라.

- 영국 속담 -

97) 책의 저자가 자기보다 현명하지 않으면 그것을 읽을 필요가 없다. 저자의 의견을 알기 위해서 책을 읽는 것이지 자기의 의견을 발견하기 위해서 읽는 것이 아니다.

- J. 러스킨 -

98) 책을 읽을 때는 늘 현자와 의논함으로 얻는다고 할 지라도, 독서를 떠나 보면 드디어 우자와의 교제를 모면키 어렵다.

— 우와레르 —

99) 책을 수집하는 일은 모든 오락 중에서 가장 기분을 상쾌하게 하는 오락이다.

— A. S. W. 로른 백, '책의 사냥꾼의 휴일' —

100) 책을 여러 번 읽으면 스스로 뜻을 분명히 알게 된다.

— 위략 —

101) 책을 읽는 데는 비용이 들지 않고, 책을 읽으면 이익이 만 배나 된다.

— 왕안석, '권학문' —

102) 책은 항상 생산하고, 자기의 씨를 사람들의 마음에 뿌리며, 뒤에 오는 시대에 한없이 행위나 의견을 불러 일으킨다.

— F. 베이컨 —

103) 책은 청년 시절에 있어서의 길잡이며 어른이 되어서는 오락이다.

— 콜리어, '책의 오락에 대하여' —

104) 책은 한 번 읽으면 그 구실을 다하는 것이 아니다. 재독하고 애독하며, 다시 손에서 떼어 놓을 수 없을 정도의 애착을 느끼는 데서 책의 그지 없는 가치를 발견할 수 있을 것이다.

– J. 러스킨 –


105) 책은 위대한 천재가 인류를 위하여 남긴 유산으로서 대대로 전해지는 것이다.

– 조제프 에디슨, 영국의 정치가 –


106) '제대로 볼 수 있는 건 마음이야. 본질적인 것은 눈에는 보이지 않는 법이지.'

– 생떽쥐베리, '어린왕자' 중에서 –


107) 하루에도 백 번씩 나는 나의 삶이 살아 있는 혹은 죽은 사람의 노고에 의존하고 있다는 것을 되새긴다. 그리고 받은 것 만큼 되돌려주기 위해 얼마나 많이 노력해야만 하는가를 스스로 일깨운다.

– 알버트 아인슈타인 –


108) 어떤 사람들은 현재의 것들을 있는 그대로 보고, "왜?"라고 말하지만 나는 과거에 없었던 것들을 꿈꾸며 말한다. "왜 안돼?"라고……

– 조지 버나드 쇼, 로버트 케네디가 종종 인용했던 문구 –

109) 성공한 기업은 예외 없이, 누군가 한때 용기 있는 결정을 내렸다는 것을 알 수 있다.

– 피터 드러커 –

110) 우리는 우리가 할 수 있다고 느끼는 것으로 우리 자신을 판단한다. 반면 다른 사람들은 우리가 이미 해 놓은 것을 보고 우리를 판단한다.

– 헨리 워즈워드 롱펠로우 –

111) 인간을 궁극적으로 판단하는 기준은 그가 평안하고 안락한 순간에 있을 때의 모습이 아닌, 도전과 투쟁의 순간에 서 있을 때의 모습이다.

– 마틴 루터 킹 –

112) 밤중에 꿈을 꾸는 사람은 잠에서 깨어났을 때 그저 모두 헛일이었음을 알게 된다. 반면, 낮 동안 꿈을 꾸는 이는 위험한 사람이다. 눈을 크게 뜨고, 자신의 꿈을 펼칠 수 있으므로……

– T. E. 로렌스 –

113) 무엇이든 할 수 있다면, 아니, 할 수 있다는 꿈을 갖고 있다면, 그것으로 시작하라. 대담하다는 것, 그 자체가 천재성이고 힘이며, 마력이다.

– 괴테 –

114) 부는 수단이요, 사람들은 목적이다. 우리가 국민에게 폭 넓은 기회를 부여하는데 부를 사용하지 않는다면 그것은 아무 소용이 없을 것이다.

– 존. F. 케네디, '1962년 1월 연두교서'에서 –

115) 뛰어난 경영자는 자신의 야망을 실현하도록 우수한 인재를 선정하는데 충분한 감각을 가진 사람이다. 또한 그것을 행하는 동안에는 그들을 간섭하지 않는 자기 절제가 충분한 사람이다.

– 데오도어 루스벨트 –

116) 조직의 유일한 성역은, 그 사업수행의 근본 철학뿐이다.

– 토마스 왓슨 2세, '사업과 사업의 신조'에서 –

117) 어떤 일에 있어서도 위대함과 평범함, 혹은 불쾌함의 차이는 바로 자기 자신을 매일 재창조 할 수 있는 상상력과 열망을 갖고 있느냐 하는 것이다.

–피터스, '대성공을 위하여' –

118) 어느 조직의 쇄신이나 어느 국가의 산업 부흥도 개인의 용기 있는 결단 없이는 일어날 수가 없다.

– 하베이 혼스타인 '관리인의 용기' 중에서 –

119) 한 발 앞서기 위해서는 항상 자신의 생각이 이어지도록 하라.

— 로자베스 모스칸터 —

120) 사람의 타고난 기질은 위급한 때에 얼마나 침착할 수 있는지에 따라 평가된다.

— 제임스 러셀 로우엘, '에이브러햄 링컨' —

121) 마음에서 우러나오는 행동이 상대의 마음을 움직이는 법이다.

— 사무엘 테일러 콜러리지, '테이블대담'에서 —

122) 안전이란 미신 같은 것이다. 자연적으로 존재하는 것도 아니며, 일반적으로 경험할 수 있는 것도 아니다. 위험을 회피하는 것은, 장기적으로 보면 솔직하게 노출하는 것보다 더 안전하지 못하다 인생이란 과감한 모험이다. 그렇지 않으면 아무 것도 아니다.

— 헬렌 켈러 —

123) 근본 과제는 거대 조직 안에서 세세한 일을 이루어 내는 것이다.

— E. F. 슈마허 —

124) 많은 단골 고객을 위하여 창조적으로 활발하게 도덕적으로도 사려 깊은 방법으로 봉사하는 기업들은 결국은 그들의 주주들에게도 최고의 봉사를 하는 것이다. 회사들은 사실 선한 일을 함으로써 잘 된다.

*— 노만 리어 기업신탁설립자, '더 높은 것을 겨냥하여'·'데이비드 볼리어'에서 —*


125) 미지의 세계로 들어가는 모험은 예술이다. 기꺼이 위험을 감수하는 사람들에게만 탐험이 가능하다.

*— 마크 로스코, '뉴욕타임즈'에서 —*


126) 주위의 모든 사람들의 비난을 받을 때에도 침착할 수 있다면, 또 모든 사람들의 의심을 받을 때에도 자신을 신뢰할 수 있다면, 그리고 그들이 의심하는 것을 포용할 수 있다면 또 만약 네가 그들을 용서할 수 없는 순간마다 거리를 두고 관조할 수 있다면, 세상은 너의 것이며 모든 것은 그 안에 있다. 내 아들아! 네가 그러할 때 너야말로 진정한 대장부가 될 것이니라.

*— 루드야드 키플링, '만약'에서 —*


127) 리더십이란 회사의 운명을 발견하는 것이며 그 운명을 따라갈 용기를 갖는 것이다. 지속적인 회사는 고귀한 목표를 갖고 있다.

*— 조 제이워스키, '조직학습'에서 —*

# 에필로그 Epilogos

이 책은 독서의 현장인 서점에서 두 발로 뛰어다니며 쓴 것이다. 처음 2,000권의 책을 읽고 난 후부터 독서에 관한 책을 쓰고 싶어 안달을 하였다.

원고를 탈고하고 탈고하면서 제목도 다양하게 변화의 과정을 겪었다. '쥐잡듯책읽기', '책사냥', '나비처럼독서하기', '나비 독서', '독서 그리고 에세이', '나비 독서&에세이'…… 그러다가 '나비 독서'로 선회하게 되었다.

좋은 것을 가지고 있으면 혼자 가만히 가지고 있지를 못하는 성격 탓에 핀잔을 듣고 주의를 들으면서도 독서 이야기를 포기하지 못하였다.

최종 '나비를 보았니', '나비를 느껴봐'로 정하고서도 출판하지 못하고 7년의 시간이 지나갔다.
분명히 독서의 길잡이라고 자부는 하였는데 왠지 사람들의 반응이 시큰둥하고 반응이 없었다.

고민 끝에 용단을 내려 완성해야 하겠다는 결심을 굳히고 이 글을 마무리하게 되었다.

독서의 행진을 한 지 벌써 13년의 시간이 흘러갔다.
부디 『나비 독서』가 고치에서 탈출하여 저 창공을 훨훨 날아오르기를 소원하면서 그 동안 도움을 주고 아낌없는 갈채를 보내주신 모든 분들께 감사를 드리고 싶다.

그리고 아내 윤기례, 두 아들 주영, 주선이에게 고마움을 표하고 싶다.

2015. 4.

글쓴이 김 용 호

# 나비를 느껴봐

- 김 용 호 -

나비를 보았니
나비를 느껴봐


나비는 울지도 웃지도 않아
그저 일만 할 뿐이야


나비는 꿈만 꾸지 않아
꿈을 현실로 바꾸는 일을 할 뿐이지


나비는 창고도 없어
그날 그날 행복을 즐긴다구


나비를 보았니
나비를 느껴봐

나비는 남을 의식하지는 않지만
자신을 가꾸는 일에 열심이야

나비는 집도 절도 없지만
온 세상이 자신의 집이라고 생각한다구

사람들은 나비를 보고 말을 하지
세상에서 가장 아름답고 가장 행복하다고

어리석은 인간들은 이런 말을 하지
나는 가장 불행하다고

# 내가 죽거든

- 김 용 호 -

내가 죽거든
죽어서 누운 자들의
무덤 곁에 묻지 말아요


내가 죽거든
나를 장승처럼
묻어줘요


누가 묻거든
나는 죽지 않고
잠시 쉬고 있다고


내가 죽거든
나의 유품을 넣지 말고

내 관속에 흙을
빼곡히 넣어 묻어주오
내 뼈가 세월에
무릎 꿇리지 않도록

내가 죽거든
나를 위해 두 개의
비석을 세워주오

밖으로 나의 시명詩名을
안으로 나의 관을
장승처럼 묻어 주오

누가 묻거든
나는 죽지 않고
잠시 쉬고 있노라고

내가 죽거든
장송곡을 부르지 말아요
제발

내가 장승처럼
서서 묻힐 그때에

캐롤송을 불러줘요
가장 기쁜 캐롤송을
내가 죽거든
죽은 꽃을 놓지 말아요

나를 위해
할 수 있다면
나의 시명 詩名을 들려주오

그대와 그리고
나를 위해……

내가 죽거든
눈물을 보이지 말아요
제발

천사장의 호령과
나팔소리가 들릴 그때

내가 그대들보다
먼저 걸어서
나갈테니까요.
　　ㅋㅋ

나비처럼 독서하기

ⓒ 김용호 2015

인 쇄 일 : 2015년 4월 30일
발 행 일 : 2015년 5월  5일
지 은 이 : 김 용 호
발 행 처 : 이화문화출판사

　　　　　서울시 종로구 사직로 10길 17내자동
　　　　　02-738-9880 대표전화
　　　　　02-732-7091~3 구입문의
　　　　　02-725-9887 팩스
　　　　　www.makebook.net

I S B N : 979-11-5547-175-3 03190
정　　　가 : 15,000원